Wildes ...
... von Berg und Tal

Zeit zum Kochen, Naschen, Verwöhnen und Genießen ...
von Suppen, Salaten, Soßen, Beilagen über Herzhaftes bis Desserts

Inhalt

Suppen & Vorspeisen

Bärlauchsuppe mit Knoblauchchips und Garnelenspieß	12
Blaukrautsalat	13
Brennnesselrahmsüppchen mit geräuchertem Wildspeck	13
Wildkräuter-Blütensalat	14
Feldsalat mit geräucherten Fischen	15
Herbstsalat mit Wildkräutern und süßen Ebereschen	16
Lauwarmes Semmelknödelcarpaccio	17
Pilzrahmsuppe mit Minisemmelknödel	18
Rehleberparfait	19
Herbstlicher Rosenkohlsalat	20
Rote Bete mit Balsamico	21
Warmer Wildsalat	21
Wildbouillon mit Klößchen	22
Wildes Gröstl	23
Wildgulasch-Terrine vom Reh	24
Wildsalat	25
Wildsupperl	26
Ziegenfrischkäsepralinen mit Rucola und gebackener Vogelmiere	27
Grüne Soße	28
Himbeeressigsoße	28
Senfsoße	28
Kräutersoße	29
Walnuss-Senf-Dressing	29

Beilagen

Blaukraut	32	Ofenknödel	36
Brezenjodlerknödel	33	Prinzesskartoffel	37
Böhmische Knödel	34	Rehpflanzerl auf Blattsalat	38
Jugoslawische Knödel		Wilde Spätzle Variationen	39
(ein echt altes Rezept)	35		

Soßen, Beize, Marinade

Grüner Pfeffer-Dip	42	Rotweinbeize	43
Kresse-Dip mit Quark	42	Rotweinmarinade	43
Leichter Knoblauch-Dip	42		

Haarwild

Damwild

Das Damwild – Warenkunde	46
Damhirsch-Keule oder -rücken in Folie	50
Damhirsch-Schulter mit Sauerkirschen	51
Damhirschbraten in Rotwein	52
Damwildsteak auf rotem Zwiebelkompott mit Kartoffelgratin	53

Gams

Das Gamswild – Warenkunde	56
Gams in Rotweinsoße	58
Gamsgulasch	59

Hase und Kaninchen

Der Feldhase – Warenkunde	62
Gefüllter Hase	64
Hasenfilet mit Camembert-Knödel	65

Rotwild

Das Rotwild – Warenkunde	68
Försterspieße mit Cumberlandsoße	72
Gespicktes Hirschkalbschnitzel	73
Hirschbraten	74
Hirschgulasch	75
Hirschgulasch mit Apfelmus	75
Hirschgulasch mit Austernpilzen	76
Hirsch-Lasagne	77
Hirschroulade	78
Hirschsteaks in Hagebutten	79
Junghirschleber nach »Bruggauer Art«	80
Saftiges Wildgulasch mit Wein und Pilzen	81
Stifado vom Hirschkalb in Grappa-Wacholdersoße	82
Wildgulasch vom Hirsch	83

Mufflon

Das Muffelwild – Warenkunde	86
Böfflamot vom Mufflon	88
Holledauer-Winter-Schmankerl	89

Reh

Das Rehwild – Warenkunde	92
Arabische Spieße mit Cous-Cous	96
Capriolo di salmi – italienische Art	97
Geschmorte Rehschulter	98
Reh – pikant	99
Rehbraten – bürgerlich	100
Rehgulasch	101
Rehrücken »Baden-Baden«	102
Rehschlegel pikant gebeizt	103
Rehschnitzel mit Wacholderrahm	104
Überbackene Wildfleischreste	105
Wildgeschnetzeltes (Vollwert)	106
Wildgulasch aus dem Ofen	107

Wildschwein

Das Wildschwein – Warenkunde	110
Feurige Wildschweinrippchen	114
Schmorbraten vom Wildschwein	115
Wildschwein in Nussoße	116
Wildschwein mit Rotweinbirne	117
Wildschweinbraten	118
Wildschweingulasch aus der Schulter	119
Wildschweinmedaillons mit Preiselbeeren	120
Wildschweinragout an Jägersoße	120
Wildschweinrücken in Traubensoße	121
Wildschweinrücken mit Trockenpflaumen	122
Wildschweinschulter in Gemüsebrühe	123
Wildschweinsteaks in Rotweinsoße	124
Wildschweinleber »Hastinkov«	125

Federwild

Fasan
Der Fasan – Warenkunde	128
Bandnudeln mit Fasanbruststreifen	130
Suppe vom Fasan	131

Rebhuhn
Das Rebhuh – Warenkunde	134
Gefülltes Rebhuhn	136
Rebhuhn mit karamellisiertem Boskoop	137

Wachteln
Die Wachtel	140
Wachtelbrust unter der Kräuterhaube auf Pfifferlingsrisotto	142
Geschäumte Parmesansuppe mit Wachtelbrustspieß	143

Wildente
Die Wildente – Warenkunde	146
Geschnetzelte Wildentenbrust	148
Wildentenbrust mit Orangensoße	149

Wildgans
Die Wildgans – Warenkunde	152
Gebratene Wildgans	154
Wildgans mit Blaukraut und Semmelknödel	155

Wildtauben
Die Wildtaube – Warenkunde	158
Gebratene Wildtauen	160
Gebratene Tauben	161

Süßes & Desserts

Apfelknödel	164	Rotweinbirnen	167
Bratapel mit Quittenmus	164	Vanilleäpfel	168
Rehrücken	165	Zimtapfeldessert	168
Ringelblumen-Estragonparfait	166	Zwetschgenröster	169
Rotweinäpfel	167		

Warenkunde

Damwild	46	Fasan	128
Gamswild	56	Rebhuhn	134
Feldhase	62	Wachtel	140
Rotwild	68	Wildente	146
Muffelwild	86	Wildgans	152
Rehwild	92	Wildtaube	158
Wildschwein	110		

Abkürzungen – Mengenangaben

kg = Kilogramm
g = Gramm
l = Liter
ml = Milliliter

EL = Esslöffel
TL = Teelöffel
Msp. = Messerspitze
TK = Tiefkühl

Suppen & Vorspeisen

Bärlauchsuppe

mit Knoblauchchips und Garnelenspieß

Für die Suppe:
1 große Kartoffel
1 Zwiebel
1 EL Olivenöl
ca. 300 g Bärlauch
500 ml Brühe
200 ml Sahne
Abrieb von
1/2 Zitrone (Bio)
Salz, Pfeffer nach Belieben

Für die Fertigstellung:
3 Knoblauchzehen
3–4 Garnelen pro Spieß
Olivenöl für die Pfanne

Für die Suppe Kartoffel und Zwiebel würfeln und in Olivenöl andünsten. Bärlauch waschen, in feine Streifen schneiden und zugeben. Mit Brühe ablöschen. Sahne zugeben und alles auf mittlerer Stufe köcheln lassen, bis die Kartoffeln gar sind. Mit dem Pürierstab fein schaumig mixen. Zitronenabrieb hinzugeben und mit Salz und Pfeffer abschmecken.
Für die Knoblauchchips den Knoblauch in feine Scheiben schneiden und in Olivenöl langsam goldgelb anbraten. Für die Garnelenspieße die Garnelen auf die Holzspieße stecken und anbraten.

Jennifer Eschbaumer, Durach

Blaukrautsalat

Für den Salat:
1 kleiner Kopf Blaukraut
Kräutersalz nach Belieben
50 g Mandelstifte
zum Bestreuen

Für das Dressing:
1 Zwiebel
2 kleine Äpfel
4 EL Zitronensaft
4 EL Walnuss- oder Rapsöl
Salz, Pfeffer nach Belieben

Blaukraut fein hobeln, mit dem Kräutersalz bestreuen und am besten mit den Händen gut durchkneten. 30 Minuten zugedeckt ziehen lassen. Für das Dressing Zwiebel und Äpfel fein schneiden und mit dem Zitronensaft, Öl und Gewürzen gut mischen. Das Dressing unter das Blaukraut mischen und anrichten. Die Mandelstifte darüber streuen.

Silvia Schlögel, Peiting

Brennnesselrahmsüppchen
mit geräuchertem Wildspeck

150 g Brennnessel
1 kl. Schalotte
50 g Butter
1 Kartoffel mittelgroß
1/8 l Weißwein
350 ml Gemüsebrühe
1 Becher Sahne
Salz
Peffer
Zitronensaft
Crème fraiche

Zutaten für die Garnitur:
Essbare Blüten wie Ringelblumen, Gänseblümchen, Malven, Salbeiblüten oder Dost

Brennnesselspitzen kurz blanchieren, die Brennnessel abseihen und den Fond beiseite stellen. Schalotten mit Butter andünsten, die gewürfelte und geschälte Kartoffel dazugeben. Mit Weißwein ablöschen und mit Brühe und Brennnesselfond aufgießen.
Alles zusammen so lange köcheln lassen, bis die Kartoffeln gar sind. Anschließend die blanchierten Brennnesseln dazugeben und pürieren. Die Sahne zugießen, kurz aufkochen. Mit Pfeffer, Salz und Crème fraiche und etwas Zitrone abschmecken.

Margot Fritsch, Woringen

Wildkräuter-Blütensalat

Für den Salat nach
Belieben:
Frische verschiedene
Blattsalate
kleine Löwenzahnblätter
Mangold
Spitzwegerich
Wildkräuter
Blüten

Für das leichte Dressing:
ca. 4 EL gehackte
frische Kräuter
2 EL Himbeeressig
2 EL Sonnenblumen-
oder Walnussöl
1 EL Blütenhonig
Salz , Pfeffer nach Belieben
etwas süßer Senf
2 EL Wasser

Salat putzen und wenn nötig kleinschneiden. Alle Zutaten für das Dressing gut miteinander verrühren und kurz vor dem Servieren über den Salat geben.

TIPP Als Wildkräuter kann man beispielsweise Wiesenschaumkraut, Zitronenmelisse , Rauke oder wilden Thymian verwenden. Als Blüten eigenen sich zum Beispiel Hornveilchen, Löwenzahnblüten, Gänseblümchen oder Kapuzinerkresse.

Jennifer Eschbaumer, Durach

Feldsalat
mit geräucherten Fischen

Für die Meerrettichchips:
frischen Meerrettich
nach Belieben
Parmesan nach Belieben

Für die Vinaigrette:
6 EL Olivenöl
2 EL Senf
2 EL Weißwein oder
Kräuteressig
1 Prise Salz und Pfeffer
evtl. etwas Knoblauch
etwas Zitronenschale

Nach Belieben:
gekochte Kartoffelwürfel
Sahne
Feldsalat
Räucherfischfilets

Für die Meerrettichchips frischen Meerrettich fein reiben, mit geriebenem Parmesan vermengen. Ofen auf 200 Grad vorheizen. Backpapier auf ein Backblech legen, kleine Küchlein aus dem Käse-Meerrettichgemisch formen und im Ofen backen, bis der Käse verschmolzen und schön braun ist. Herausnehmen und abkühlen lassen.

Für die Vinaigrette Olivenöl, Senf, Weißwein, Salz und Pfeffer, evtl. etwas Knoblauch und Zitronenschale, in einem Glas mit Deckel kräftig aufschütteln. Kartoffelwürfel in einer Pfanne leicht anbraten, mit Sahne ablöschen, und mit der Vinaigrette vermischen. Geputzter Feldsalat mit lauwarmer Vinaigrette anmachen. Räucherfischfilets dazu anrichten und mit Meerrettichchips garnieren.

Familie Haas, Haasenstall, Frauenzell

Herbstsalat

mit Wildkräutern und süßen Ebereschen

Für 6 bis 8 Personen

4 Hand geputzte Herbstblattsalate & Wildkräuter (Lollo-Rosso, Feldsalat, Kopfsalat, Pimpinelle, Gänsefingerkraut, Dost und Borretschblüten)
250 g Schafsfrischkäse
100 ml Salatgrundsoße (Frenchdressing)
etwas Ebereschen-Dünstsaft
etwas Ebereschendestillat
100 g eingemachte süße Ebereschenbeeren

Borretschblüten für die Dekoration beiseite legen. Salate und Kräuter locker auf Salatteller anrichten. Pro Teller etwa 60 g Frischkäse in drei Teilen um den Salat garnieren und mit Borretschblüten belegen. Salatgrunddressing mit Ebereschen-Dünstsaft vermischen, einen kleinen Spritzer Ebereschendestillat dazugeben und über den Salat träufeln. Zum Schluss die Ebereschenbeeren auf dem Salat verteilen und sofort servieren.

August Kottmann, Gasthof-Restaurant Hirsch, Bad Ditzenbach-Gosbach

TIPP Dazu passt Walnussbrot. Dieser Salat hat einen ausgesprochen regionalen Charakter. Eine Aromaüberraschung wäre, wenn Sie das Ebereschendestillat mit einem Sprühfläschchen vor den Gästen über den Salat sprühen.

Lauwarmes Semmel-knödelcarpaccio

Für die Semmelknödelmasse:
8 alte Brötchen
250 ml Milch
4 Eier
Zwiebel
Petersilie
Salz
Muskat

Für die Vinaigrette:
6 EL Olivenöl
2 EL Senf
2 EL Weißwein oder Kräuteressig
1 Prise Salz und Pfeffer
evtl. etwas Knoblauch
etwas Zitronenschale

Für den Pilzsalat:
Pilze (z.B. Champignons, Steinpilze oder Pfifferlinge)
Radieschen
Frühlingszwiebel

Für die Semmelknödelmasse die Semmel fein schneiden. Mit gehackter Zwiebel und gehackter Petersilie vermengen. Lauwarme Milch übergießen und ziehen lassen. Eier dazugeben und mit Salz und Muskat würzen. Dann Knödel formen und in Salzwasser kochen. Anschließend in feine Scheiben schneiden und leicht anbraten. Fächerförmig auf Teller anrichten.

Für die Vinaigrette alle angegebenen Zutaten in einem Glas mit Deckel kräftig aufschütteln. Geputzte Pilze fein schneiden, anschwitzen und mit Vinaigrette marinieren. Frische Radieschen und Frühlingszwiebeln zugeben und an die noch lauwarmen Knödelscheiben anlegen.

Familie Haas, Haasenstall, Frauenzell

Pilzrahmsuppe

mit Minisemmelknödel

Für die Suppe:
400 g Pilze (Champignon, Steinpilze oder Pfifferlinge)
etwas Butter
Frühlingszwiebeln nach Bedarf
500 ml Gemüsebrühe
etwas Sahne
100 ml angerührte Kartoffelstärke

Für die Semmelknödelmasse:
8 alte Brötchen
Zwiebel nach Belieben
Petersilie nach Belieben
250 ml Milch
4 Eier

Nach Belieben:
frische Kräuter
Salz, Pfeffer
Muskat
Knoblauch

Pilze putzen und mit etwas Butter anschwitzen. Feingeschnittene Frühlingszwiebeln zugeben und mit Gemüsebrühe ablöschen. Kurz köcheln lassen. Mit Salz, Pfeffer, Muskat und frischem, feingehacktem Knoblauch würzen. Mit etwas Sahne verfeinern und mit der angerührten Kartoffelstärke abbinden. Für die Semmelknödelmasse die Semmel fein schneiden. Mit gehackter Zwiebeln und gehackter Petersilie vermengen. Lauwarme Milch übergießen und ziehen lassen. Eier dazugeben und mit Salz und Muskat würzen. Aus Semmelknödelmasse kleine Miniknödel formen und in heißem Fett frittieren. Herausnehmen und mit Küchenpapier abtupfen. Mit den Kräutern in die Suppe geben.

Familie Haas, Haasenstall, Frauenzell

TIPP Die Pilze lassen sich besonders gut in einer Sauteuse anschwitzen.

Rehleberparfait

200 g Rehleber
2 EL Cognac/Weinbrand
1 kleingeschnittene Zwiebel
je nach Größe 1–2 Boskop
6 EL flüssige Butter
Majoran nach Geschmack
150 ml Sahne
2 Eier
Salz, Pfeffer, evt. Muskatnuss

Die in Würfel geschnittene Rehleber in Cognac ca. 1 Std. marinieren. Zwiebel und Boscop schälen, fein würfeln und in Butter andünsten, mit Majoran würzen. Die abgekühlte Masse im Mixer pürieren, Sahne, Eier, Gewürze und die restliche Butter zugeben, gut abschmecken. Die Masse in eine Terrinenform geben und im Wasserbad im Backofen bei ca. 130 bis 150 Grad 60 bis 70 Minuten garen (Die Terrinenform dazu am besten in einen großen mit heißem Wasser gefüllten Topf stellen). Vor dem Servieren sollte das Parfait gut ausgekühlt sein, d.h. man kann es auch schon einen Tag vorher zubereiten. Das Parfait in Scheiben portionieren und auf einer Salatgarnitur, evt. mit Preiselbeeren anrichten.

Anna Maria Krinner, Kaufbeuren

TIPP Schmeckt auch mit Mandarinen, statt Weintrauben.

Herbstlicher Rosenkohlsalat

500 g Rosenkohl
Gemüsebrühe
Salz
150 braune Champignons
200 g blaue Weintrauben

Für das Dressing:
3 EL Aceto Balsamico
Salz, Pfeffer
1 TL Senf
1 EL Olivenöl
2 EL Gemüsebrühe

Den Rosenkohl waschen, je nach Größe halbieren und die Strunke einschneiden. Denn Rosenkohl in der Gemüsebrühe bissfest garen, gut abtropfen lassen. Die Pilze putzen und in Scheiben schneiden, Weintrauben halbieren und entkernen.
Die Zutaten fürs Dressing miteinander verrühren und gut abschmecken.
Den Rosenkohl mit den Pilzen, den Weintrauben und dem Dressing verrühren. Kurz ziehen lassen.

Silvia Schlögel, Peiting

Rote Bete mit Balsamico

500 g Rote Bete
100 ml Gemüsebrühe
5 EL Balsamicoessig weiß
Salz, Pfeffer nach Belieben
1 säuerlicher Apfel
50 g Johannisbeergelee
1 TL Speisestärke

Rote Bete schälen und in dünne Spalten schneiden. Gemüsebrühe mit Balsamicoessig, Salz und Pfeffer aufkochen und die Rote Bete hinzufügen. Knapp bissfest garen. Den Apfel ebenfalls in Spalten schneiden, mit dem Johannisbeergelee zur Roten Bete geben. Etwa 5 bis 10 Minuten weiterdünsten. Speisestärke mit 2 EL Wasser glatt rühren, die Rote Bete damit binden und nochmals abschmecken.

TIPP: Schmeckt warm und kalt als Beilage zu Wild.

Silvia Schlögel, Peiting

Warmer Wildsalat

300 g gemischte Pilze
100 g mageres Wammerl
1 Zwiebel
250 g Rehfilet/Keule oder Hasenfilet
Salz, Pfeffer nach Beliben
etwas Rosmarin
1 EL Petersilie
einige Salatblätter
3 EL Öl für die Pfanne
3 EL Rotweinessig

Die Pilze putzen und ein wenig kleiner schneiden. Das Wammerl und die Zwiebel sehr klein schneiden. Das Fleisch schnetzeln. Mit Salz, Pfeffer, Rosmarin und Petersilie würzen. Die Salatblätter auf einer Platte anrichten. Die Pilze kurz anbraten, mit Salz und Pfeffer würzen und zum Salat geben.
Den Speck knusprig ausbraten. Die Zwiebeln dazugeben, goldgelb anbraten und über die Pilze geben. Das Fleisch kräftig anbraten, mit Rotweinessig ablöschen, zu den Salaten geben und sofort servieren.

Silvia Schlögel, Peiting

Wildbouillon

mit Klößchen

Für die Wildbouillon:
500 g Wildknochen
1 Bund Suppengemüse
1 Zwiebel
2 Lorbeerblätter
einige Nelken
einige Pfefferkörner
einige Pimentkörner
einige Wacholderbeeren
Salz, Pfeffer aus der Mühle nach Belieben
1 l Gemüsebrühe
40 ml Madeira
1 Bund Schnittlauch

Für die Klößchen:
400 g Wildhackfleisch
100 g Brät
2 EL süße Sahne
2 Eier
1/2–1 Tasse Semmelbrösel zum Binden
1 Prise Muskat
1 Prise Cayennepfeffer

Die Knochen kurz abwaschen, abtropfen lassen, nach Bedarf hacken und in einen großen Topf geben. Nun Suppengemüse, Zwiebel, Lorbeerblätter, Nelken, Pfeffer- und Pimentkörner, Wacholderbeeren, Salz und Pfeffer zugeben und mit kalter Brühe aufgießen. Die Wildbouillon bei mäßiger Hitze 2 Stunden köcheln lassen, durch ein Sieb gießen und klären.

Für die Klößchen das Wildhackfleisch mit dem Brät vermengen. Mit der Sahne und den Eiern abrühren. Semmelbrösel als Bindemittel verwenden und mit Salz, Pfeffer, Muskat und Cayennepfeffer würzen. Mit einem Teelöffel Klößchen abstechen und in der kochenden Bouillon gar ziehen lassen. Die Suppe mit Madeira abschmecken, mit Schnittlauch garnieren und servieren.

Anna Maria Krinner, Kaufbeuren

TIPP Die Soße kann auch mit verschiedenen Pilzen angereichert werden.

Wildes Gröstl

Nach Belieben:
Wildbratenreste
Zwiebel
Kartoffel
Knoblauch
Speckwürfel
Salz
Pfeffer,
Kümmel
Röstzwiebel
Schnittlauch oder
Frühlingslauch
Olivenöl für die Pfanne

Die Wildbratenreste in kleine Stücke schneiden. Zwiebeln und rohe Kartoffel in Würfel schneiden. Die Kartoffelwürfel anbraten bis sie schön knusprig sind. In einer anderen Pfanne Zwiebelwürfel anbraten. Danach Knoblauch, Speckwürfel und Bratenreste zugeben. Alles gut anbräunen und abschmecken. Kurz vor dem Servieren mischen. Mit Röstzwiebeln und Schnittlauch bestreuen.

Manfred Mair, Rosshaupten

TIPP Dazu schmeckt etwa Zwiebelschmand oder Tzatziki und Salat.

Wildgulasch-Terrine vom Reh

TIPP Ich reiche immer Weißbrot dazu.

400 g Rehbraten
2 Zwiebeln
1 rote Paprikaschote
300 g Kartoffeln
2 EL Öl
1 l Fleischbrühe
4 EL Tomatenmark
1 Bund Lauchzwiebeln

Zum Abschmecken:
Salz
Pfeffer
Paprikapulver

Das Rehfleisch waschen, trockentupfen und in kleine Würfel schneiden. Zwiebeln, Paprika und geschälte Kartoffeln in kleine Würfel schneiden. Das Öl in einem Topf erhitzen, das Fleisch darin rundherum anbraten. Die Zwiebel-, Paprika- und Kartoffelwürfel hinzugeben und leicht mit anbraten.
Mit Salz, Pfeffer und Paprika würzen und mit der Fleischbrühe ablöschen. Das Tomatenmark einrühren und die Suppe bei schwacher Hitze eine Stunde garen, hin und wieder umrühren.
Die Lauchzwiebel putzen, waschen und in Stücke schneiden. Lauchzwiebeln darauf geben und servieren.

Susanne Eggel, Wertach

Wildsalat

Für den Salat:
2 Birnen
250 g rote Weintrauben
100 g Pfifferlinge
1 EL Butter
250 g Camembert
200 g Rehbraten
(z. B. aus der Schulter)

Für die Soße:
150 g Schmand
5 EL Orangensaft
4 EL Cognac
2 EL Preiselbeerkompott
1 Msp. Meerrettich

Für die Garnitur:
frische Petersilie
grob gestoßener
roter Pfeffer

Die Birnen, Weintrauben und Pfifferlinge putzen und waschen. Die Birnen halbieren, vom Kerngehäuse befreien und in schmale Spalten schneiden. Die Weintrauben halbieren und von Kernen befreien. Große Pfifferlinge halbieren und in heißer Butter schwenken. Den Camembert in dicke, den kalten Rehbraten in dünne Scheiben schneiden.
Vier Teller mit den Birnenspalten belegen. Darauf die Weintrauben, Pfifferlinge, Camembert-Scheiben und Bratenscheiben verteilen.
Für die Soße den Schmand cremig rühren, nach und nach den Orangensaft und den Cognac dazugeben. Die Preiselbeeren unterheben und mit etwas Meerrettich abschmecken. Den Salat mit Petersilie und rotem Pfeffer garnieren, dazu die Soße reichen.

Herbert Wirths, Fischach

Wildsupperl

Für 4 bis 6 Personen

Für die Suppe:
reichlich Wildknochen
(es sollte noch etwas
Fleisch dran sein)
reichlich abgeschnittene
Fleischreste (vom Auslösen)
Fett zum Anbraten
etwas Tomatenmark
Rotwein nach Bedarf
guter Fond nach Bedarf
500 g Zwiebelwürfel
2 EL Zucker
Lauch, Karotten
Petersilienwurzel, Sellerie
2 Lorbeerblätter
2 Tomaten
Paprikapulver (edelsüß)
Salz, Pfeffer, etwas Cilli
oder Cayennepfeffer
Wacholderbeeren
getrocknete Steinpilze
1 Dose abgetropfte
Champignons

Cognac, Worcestersoße
Einbrenne (braun)
Crème fraîche evtl. Sahne
oder Sauerrahm

Zum Servieren:
Tupfer Sahne, Schnittlauch

In einem großen Topf mit dickem Boden Wildknochen und Fleischreste kräftig in Fett anbraten. Etwas Tomatenmark dazugeben, mit Rotwein und gutem Fond ablöschen bis alles bedeckt ist. Zwiebelwürfel in Extrapfanne braun anbraten und mit Zucker bestreuen. Braun werden lassen und mit etwas Wasser ablöschen. Einmal aufkochen lassen und zur Suppe geben. Lauch, Karotten, Petersilienwurzel und Sellerie in Würfel schneiden, anbraten und ebenfalls zur Suppe geben. 1 ½ bis 2 Stunden leise köcheln lassen. Inzwischen noch Lorbeerblätter, Paprika, Salz, Pfeffer, etwas Cilli, Wacholderbeeren und in Würfel geschnittene Tomaten dazugeben. Danach Suppe abpassieren, Fleisch etwas auskühlen lassen und noch warm von den Knochen schälen. Dabei unbedingt aufpassen, dass keine Knorpel drin sind. Fleisch mit einem kleinen Teil des Gemüses durch den Wolf drehen oder klein hacken. Getrocknete Steinpilze in etwas kochendem Wasser 20 Minuten einweichen und alles zur Suppe geben. Nochmals aufkochen lassen. Mit Cognac und Worcestersoße abschmecken. Danach mit brauner Einbrenne binden und etwas Crème fraîche und Sahne nach Geschmack dazugeben. Vor dem Servieren die Champignons in Scheiben schneiden und dazugeben. Die Suppe mit einem Tupfer Sahne servieren und noch etwas Schnittlauch dazugeben.
Dazu frisches Landbrot reichen.

Manfred Mair, Rosshaupten

Ziegenfrischkäsepralinen
mit Rucola und gebackener Vogelmiere

Für die Ziegenkäsepralinen:
400 g Ziegenfrischkäse
20 g Olivenöl
30 g geschnittene Vogelmiere
1 Knoblauchzehe
150 g gerösteter Sesamsamen

Für den Rucolasalat:
20 g Aceto balsamico
30 g Olivenöl
200 g Rucola

Für die gebackene Vogelmiere:
100 ml Weißwein
125 g Mehl
1 EL Öl
2 Eigelbe
1 Eiweiß
100 g geputzte und gewaschene Vogelmiere
Pflanzenöl zum Ausbacken

Nach Bedarf:
Salz
Pfeffer
Zucker

Für die Ziegenkäsepralinen Knoblauch und Sesamsamen beiseite legen. Danach mischen wir alle restlichen Zutaten gut miteinander und schmecken den Teig mit Salz, Pfeffer und zerriebenem Knoblauch ab.
Wir formen in unseren Händen kleine Kugeln.
Die Kugeln in Sesamsamen wälzen und anschließend im Kühlschrank kalt stellen. Wir stellen aus Essig, Salz, Pfeffer und Öl eine Marinade her. Eventuell mit etwas Zucker abschmecken. Unter die Marinade heben wir den gewaschenen Rucola.
Für die gebackene Vogelmiere vermischen wir Weißwein, Mehl, Öl, Eigelb und zu Schnee geschlagenes Eiweiß mit Salz und Pfeffer. Wir ziehen die Vogelmiere in kleinen Büscheln durch den Teig und frittieren sie in 170 Grad heißem Pflanzenöl heraus.

Brigitte Dinser, Wengen

Grüne Soße

Kräuter
(Petersilie, Kerbel,
Kresse, Dil)
1/2 Knoblauchzehe
1 Zitrone
1/4 TL Pfeffer
1/2 TL Salz
1 TL Senf
50 ml Sonnenblumenöl
200 g Crème fraîche

Die Kräuter mit kaltem Wasser abbrausen, gut abtropfen lassen und fein hacken. Knoblauchzehe abziehen und durch die Presse drücken. Die Zitrone auspressen. Den Saft in eine Schüssel geben, mit Pfeffer, Salz, Senf, Knoblauch und den Kräutern verrühren. Das Öl tropfenweise unterschlagen, anschließend die Crème fraîche unterheben und die Soße nochmals abschmecken.

Himbeeressigsoße

75 g Himbeeren
50 ml Weißweinessig
1 TL Zucker
1 Prise weißer Pfeffer
1 Prise Salz
75 ml Sonnenblumenöl

Die Hälfte der Himbeeren mit der Gabel zerdrücken und mit dem Essig und dem Zucker verrühren. Mit Pfeffer und Salz würzen, das Öl tropfenweise unterschlagen. Die Soße nochmals abschmecken und mit den restlichen Himbeeren anrichten.

Senfsoße

50 ml Weißweinessig
30 g grober Dijonsenf
100 ml Olivenöl

Essig mit dem Senf verrühren und Öl tropfenweise unterschlagen.

Kräutersoße

Kräuter (Schnittlauch, Petersilie, Kresse)
1 Knoblauchzehe
1 Zwiebel
50 ml weißer Balsamicoessig
1/4 TL schwarzer Pfeffer
1/2 TL Salz
100 ml Sonnenblumenöl

Die Kräuter mit kaltem Wasser abbrausen, gut abtropfen lassen. Schnittlauch in Ringe schneiden, Petersilie und Kresse fein hacken. Knoblauchzehe abziehen und durch die Presse drücken. Die Zwiebel schälen und in Ringe schneiden. Essig in eine Schüssel geben, mit Pfeffer und Salz verrühren. Das Sonnenblumenöl tropfenweise unterschlagen. Die Kräuter, den Knoblauch und die Zwiebelringe unter die Soße mischen.

Walnuss-Senf-Dressing

1/2–1 TL Klare Suppe
1 1/2 TL Senf, mittelscharf
6 EL Walnussöl
frische Petersilie, kleingeschnitten
gehackte Walnusskerne

Zuerst die Klare Suppe in 2 EL heißem Wasser auflösen. Dann die restlichen Zutaten der Reihe nach unterrühren.

Herbert Wirths, Fischach

TIPP: Schmeckt gut zu Feldsalat oder Chicorée.

Beilagen

TIPP: Erst wenn das rohe Kraut für einige Zeit mit Salz und Essig durchgezogen ist, wird es beim Kochen zart

Blaukraut

1 kg Blaukraut
100 ml Rotweinessig
1 EL Butter
1 Zwiebel
1 säuerlicher Apfel
25 g Zucker
200 ml Rotwein
125 ml Brühe
3 EL Preiselbeeren
1 Prise Zimt und Nelken
1–2 Lorbeerblätter
nach Belieben
Salz, Pfeffer nach Belieben

Das Kraut fein hobeln, mit Salz bestreuen und den Rotweinessig zugießen. Alles mischen und etwa 2 Stunden zugedeckt stehen lassen. Butter in einem Topf zerlassen. Gewürfelte Zwiebel, den geriebenen Apfel und Zucker darin glasig dünsten. Das Blaukraut mit der Flüssigkeit zufügen. Kurz anschmoren. Rotwein, Brühe, Preiselbeeren, Gewürze und Lorbeer zufügen. 30 Minuten im geschlossenen Topf bei mittlerer Hitze garen. Eventuell nochmals abschmecken.

Silvia Schlögel, Peiting

Brezenjodlerknödel

10 Brezen oder
8 Laugensemmeln
120 g Butter
3 Eier
Salz, Pfeffer,
Majoran nach Belieben
Öl für die Alufolie

Die Brezen würfeln. Die Butter mit den Eiern und Gewürzen schaumig rühren. Die Würfel unterheben und ein Rolle formen. Ein Stück Alufolie mit Öl bestreichen, die Rolle in die Folie wickeln.
Bei 180 Grad Umluft etwa 45 Minuten backen.

Silvia Schlögel, Peiting

Böhmische Knödel

Teig:
200 ml Mehl
Salz
3–4 Eier
400 ml Milch
1 Zwiebel
2 EL Öl
250 geröstete Semmelwürfel
2 EL gehackte Petersilie

Aus dem Mehl, Salz, Eiern und Milch einen Pfannenkuchenteig herstellen. Die Zwiebel schälen und fein schneiden. Im heißen Öl andünsten. Mit den Semmelwürfeln und der Petersilie zu dem Pfannenkuchenteig geben und untermengen. 30 Min. ziehen lassen. Aus der Masse einen Wecken formen. In ein Geschirrtuch geben und die Enden verschließen. In kochendes Salzwasser geben und ca. 45 Min. leicht köchelnd ziehen lassen. Vor dem Servieren das Geschirrtuch entfernen und den Knödel in Scheiben schneiden.
Passt hervorragend zu Fleischgerichten mit viel Soße.

Silvia Schlögel, Peiting

TIPP: Geröstete Semmelwürfel gibt es im gut sortiertem Supermarkt. Ansonsten 5 – 6 Semmeln würfeln und im heißen Fett anrösten.

Jugoslawische Knödel

(ein echt altes Rezept)

250 g Quark
3 Eigelb
100 g Grieß
3 Eiweiß
1–2 EL Semmelbrösel
Salz nach Belieben

Quark mit Eigelb und Grieß mischen und salzen. Mindestens 2 Stunden quellen lassen. Dann Eiweiß zu Schnee schlagen und vorsichtig unter den Teig heben. Die Semmelbrösel dazugeben. Einen großen Topf mit kochendem Salzwasser vorbereiten. Eine Serviette gut anfeuchten. Den Teig darauf geben und zu großen Nocken formen. Eventuell einen Spatel zu Hilfe nehmen. Stoff zuwickeln und die Seiten mit einer Schnur zubinden. Es soll wie eine große Wurst aussehen. Rolle in das kochende Wasser geben. Herd zurück schalten, damit das Wasser nur noch simmert. Den Knödel etwa 30 Minuten ziehen lassen. Dabei einmal vorsichtig drehen. Den Knödel aus dem Stoff wickeln und in Scheiben schneiden.

TIPP: Der Teig sollte sehr weich, aber nicht flüssig sein. Die Knödel passen ganz toll zu Wild. Sollte etwas davon übrig bleiben, können die Scheiben auch in Butter angebraten werden.

Manfred Mair, Rosshaupten

Ofenknödel

1 Zwiebel	Zwiebel fein hacken und in etwas Butter andünsten. Semmeln würfeln und in einer extra Pfanne mit der restlichen Butter leicht anrösten. Sahne, Eier und Gewürze verquirlen und zusammen mit dem Zwiebelgemisch zu den Semmeln geben. Gut vermengen, aber nicht kneten. Falls notwendig, etwas Milch zugeben. Etwa 7 Knödel formen und in eine gefettete Auflaufform geben. 30 Minuten bei 175 Grad Umluft backen.
30 g Butter	
6 alte Semmeln	
250 ml Sahne	
3 Eier	
Salz, Pfeffer nach Belieben	
Muskat nach Belieben	
2 EL Petersilie	
evtl. etwas Milch	

Silvia Schlögel, Peiting

Prinzesskartoffel

500 g Salzkartoffel
40 g Butter
1 Ei
etwa 1–2 EL Mehl
Salz, Muskat zum Abschmecken

Frisch gedämpfte Salzkartoffeln gut abdampfen lassen und heiß pressen. Butter schaumig rühren. Ei, Mehl und Gewürze unterrühren, bis der Teig die gewünschte Konsistenz hat. Gepresste Kartoffeln unterrühren und Masse abschmecken. In Spritzbeutel füllen und auf ein mit Backpapier ausgelegtes Blech spritzen.
Bei 175 Grad Umluft etwa 10 Minuten backen.

Silvia Schlögel, Peiting

TIPP Prinzesskartoffeln sind eine feine Beilage zu festlichen Braten.

Rehpflanzerl auf Blattsalat

Für die Pflanzerl:
1 Gelbe Rübe
1 kleine Stange Lauch
1 Zwiebel
Rapsöl zum Dünsten
400 g Rehfleisch aus der Keule oder Schulter
1 Semmel
2 Eier

Für den Salat:
200 g Feldsalat
200 g Endivien
2 Gelbe Rüben
1 Bund Frühlingszwiebeln

Für das Dressing:
50 g sehr feingeschnittene Zwiebeln
3 EL weißer Balsamico-Essig
2 EL Öl
4 EL Preiselbeeren

Zum Abschmecken:
Majoran
Thymian
Petersilie
Salz
Pfeffer

Gelbe Rübe, Lauch und Zwiebel klein würfeln. Gemüse in etwas Öl andünsten. Fleisch durch den Fleischwolf drehen. Die Semmel in kaltem Wasser einweichen. Die Fleischmasse mit der ausgedrückten Semmel und den Eiern mischen und mit Majoran, Thymian, Petersilie, Salz und Pfeffer würzen. Portionsweise goldbraun braten.
Die Salate waschen und trocken schleudern.
Den Endiviensalat nur grob zerkleinern. Die Gelbe Rüben fein raspeln und die Frühlingszwiebeln in feine Ringe schneiden. Für das Dressing die Zwiebel sehr fein schneiden und mit den restlichen Zutaten verrühren. Mit Salz und Pfeffer abschmecken.
Die Blattsalate auf einem Teller anrichten, mit geraspelten Gelbe Rüben und Frühlingszwiebeln bestreuen und die Hälfte des Dressings darüber geben. Die Pflanzerl dazulegen und mit dem restlichen Dressing beträufeln.

Silvia Schlögel, Peiting

TIPP: Dies ist ein ganz besonderer Beilagensalat und kann auch als Vorspeise serviert werden. Die Pflanzerl kann man natürlich auch als Hauptgericht genießen. Der Salat kann auch mit anderen Blattsalate wie Ruccola, Eichblatt oder Lollo Rosso und mit Cocktail-Tomaten zubereitet werden.

Wilde Spätzle Variationen

Für das Grundrezept:
400 g Mehl (Typ 405)
4 Eier
120 – 150 ml Wasser
1 gehäufter TL Salz

Für die Rotwein-Variation:
1 Glas Rotwein
etwas Pfeffer

Für die Zimt-Variation:
1 kleines Glas rote Betesaft
1 TL Zimt
etwas Pfeffer

Für die Haselnuss-Variation:
4 EL Nussmus
etwas Pfeffer

Für das Grundrezept alle Zutaten in einer Schüssel vermengen. Einen hohen, weiten Topf mit Wasser füllen und zum Kochen bringen. Reichlich Salz zugeben. Eine Schüssel und ein Sieb zum Abtropfen bereitstellen. Die Spätzle in das Wasser schaben. Wenn die Spätzle im Laufe des Garprozessen an die Wasseroberfläche kommen und aufkochen, sind sie fertig. Für die Variationen werden dem Teig zusätzliche Zutaten beigemischt. Der Teig wird dann wie beim Grundrezept weiterverarbeitet. Jede der Teigvariationen eine halbe Stunde ruhen lassen.

TIPP Eventuell muss mehr oder weniger Mehl eingerührt werden. Der Teig sollte zäh vom Löffel fließen. Man kann auch mehr Eier verwenden. Nussmus gibt es im Reformhaus.

Manfred Mair, Rosshaupten

Soßen, Beize, Marinaden

Grüner Pfeffer-Dip

150 g Crème fraîche mit Knoblauch
100 g Quark
0,1 l Milch
2 TL eingelegte grüne Pfefferkörner
etwas gestoßener grüner Pfeffer

Crème fraîche mit Quark und Milch cremig rühren. Die eingelegten Pfefferkörner unter den Dip rühren und mit gestoßenem grünen Pfeffer bestreut servieren.

Herbert Wirths, Fischach

Kresse-Dip mit Quark

150 g Schichtkäse oder Quark
0,1 l Sahne
1 EL Zitronensaft
1 Kästchen Kresse
Salz, Pfeffer

Schichtkäse mit der Sahne und dem Zitronensaft cremig rühren. Kresse waschen, klein schneiden, einen Teil aufbewahren, den Rest unter den Dip heben. Salzen und Pfeffern. Mit Kresse garniert servieren.

Herbert Wirths, Fischach

Leichter Knoblauch-Dip

150 g Sahnejoghurt
50 g Magerquark
5 EL Milch
2 EL Zitronensaft
1 Knoblauchzehe
1/2 rote Zwiebel
1 Bund Petersilie
Salz, Pfeffer, Zucker
1 Msp. Meerrettich

Joghurt mit dem Magerquark cremig rühren und nach und nach die Milch und den Zitronensaft zugeben. Knoblauch fein hacken und unter den Dip geben. Zwiebel und Petersilie fein hacken, einen Teil aufheben, den Rest zu dem Dip geben. Salzen, pfeffern und mit Zucker und Meerrettich abschmecken.
Mit den restlichen Zwiebel- und Petersilie-Stücken bestreut servieren.

Herbert Wirths, Fischach

Rotweinbeize

(Fleisch)
1 Zwiebel
1 Karotte
1 Stück Sellerieknolle
1 TL Wacholderbeeren
1 TL schwarze Pfefferkörner
1 TL Thymian
1 Lorbeerblatt
2 Nelken
100 g Rotweinessig
ca. 1 l Rotwein

1 bis 5 Tage vorher das Fleisch waschen. Zwiebel, Karotten und Sellerie würfeln. Das Fleisch 1 bis 4 Tage in einer passenden Schüssel mit Gewürzen, Gemüsewürfeln, Essig und Rotwein marinieren.

> **TIPP** Frisches Fleisch braucht 4 Tage. Das Fleisch muss bedeckt sein, also ein stramm passendes Gefäß oder mehr Rotwein verwenden. Zur Beize kann auch Rosmarin beigefügt werden.

Anna Maria Krinner, Kaufbeuren

Rotweinmarinade

500 ml Rotwein
125 ml Rotweinessig
1 Zwiebel
1 Karotte
1 Stange Staudensellerie
1 Lorbeerblatt
1 TL getrockneter Thymian
1/2 TL schwarze Pfefferkörner
2 Nelken
1/4 TL Salz

Für die Marinade Rotwein und Essig aufkochen. Zwiebel, Karotte und Staudensellerie putzen und grob würfeln. Gemüsewürfel und alle Gewürze zum Rotwein geben. Zugedeckt 5 Minuten köcheln und dann abkühlen lassen.

Anna Maria Krinner, Kaufbeuren

Damwild

Das Damwild

Begriffserklärung
Damschaufler: Das männliche Tier – älter als 4 Jahre
Damspießer: Das männliche Tier im 2. Lebensjahr
Alttier: Das weibliche Tier
Schmaltier: weibliches Damwild im 2. Lebensjahr
Kalb: Das Jungtier

Das Damwild ist etwas kleiner und leichter als das Rotwild und deutlich größer als Rehwild. Charakteristisch bei dieser Wildart ist das Schaufelgeweih der männlichen Tiere. Das helle Sommerfell ist mit seinen weißen Tupfen sehr markant, die Körperunterseite und die Innenseite der Läufe (Füße) sind weiß. Findet der Fellwechsel im Herbst statt, so wird das Haarkleid dichter und dunkler.
Da das Wild überwiegend in Gehegen gezüchtet und gehalten wird, sind Farbvarianten nicht selten. So kann es durchaus vorkommen, dass ein schwarzes, weißes oder sogar ein porzellanfarbenes Tier zu sehen ist. Was die Sinne anbelangt, ist das Wild vielen anderen Tieren überlegen. Es sieht, riecht und hört sehr gut.
Seine Fluchtsprünge sind einzigartig; flüchtet ein Damwild, so schnellt es mit allen vier Läufen gleichzeitig hoch. Im Vergleich zum Rotwild hat das Damwild einen längeren Wedel (Schwanz), der ständig in Bewegung ist. Damwild ist tagaktiv und lebt bevorzugt in offenen Landschaften, in denen sich kleine Waldpartien mit landwirtschaftlichen Flächen abwechseln. Sie bevorzugen in klimatisch milden Gebieten lichte und offene Mischwälder. In Klein- und Vorderasien hatten die Tiere ihre ursprüngliche Heimat, durch die Römer sind sie in unsere Region eingeführt worden. Heute lebt das Damwild in vielen Regionen Europas. Damhirsche sind anpassungsfähig und leben in unterschiedlich großen Rudeln. Das Damwild ist ein Wiederkäuer, der rohfaserreiche und nährstoffarme Nahrung problemlos verwerten kann. Sie nehmen ausschließlich pflanzliche Nahrung auf. Gräser, Kräuter, Blätter, Triebe, Pilze, Früchte und Rinden von Bäumen und Sträuchern gehören auf ihren täglichen Speiseplan. Die Tiere sind zudem sehr wanderlustig und legen oft weite Strecken zurück.
Da kann es durchaus vorkommen, dass Wild in einem Revier gesichtet wird, in dem es noch nie vorgekommen ist. Alljährlich finden sich die Hirsche an bestehenden Brunftplätzen ein. Nach einer Tragzeit von 7 ½ Monaten fällt die Setzzeit in den Juni. In der Regel wird ein Kalb geboren, wobei Zwillingsgeburten beim Damwild häufiger vorkommen als beim Rotwild. Die größten Bestände an Damwild sind heute in Großbritannien und Schweden in Gattern (Gehegen) zu finden.

Das Damwild ist die Wildart, die sich von allen Hischarten am leichtesten in Gattern aufziehen lässt, da es gegen Wildkrankheiten äußerst widerstandsfähig ist. Nach Großbritannien und Schweden stellt sich Deutschland mit rund 6.000 Gehegen und knapp 100.000 Tiere an die Spitze.

Jagdzeiten

Die gesetzlich geregelte Jagdzeit- und Schonzeit ist überwiegend dem Lebenszyklus der Tiere angepasst. Wann Tiere bejagt werden dürfen, ist genau festgelegt und somit ist frisches Wildbret aus heimischen Revieren nur in der jeweiligen Hauptjagdsaison zu bekommen. Die Jagdzeit der Damwild-Schmaltiere und -Spießer ist von Juli bis Januar und die der Kälber, Damtiere und Hirsche von September bis Januar.

Teile und Verwendung

Geschmacklich ist das Fleisch mit dem Rehwild vergleichbar. Das Gewicht bei einem Kalb liegt etwa bei 20 bis 30 Kilogramm, beim Schmaltier bei 35 bis 40 Kilogramm und ein älteres Tier wiegt zwischen 50 bis 70 Kilogramm. Das Fleisch des Damwildes ist fast nur im Erzeuger-Direktverkauf aus heimischer Gatterhaltung erhältlich. Im Ausland wird Damwild auch im Einzelhandel angeboten.

Gewichtstabelle

Damwild	Gesamt-gewicht*	Rücken	je Keule	je Blatt	Hals	je Rippen-bogen	je Bauch-lappen	Decke
Hirsch	55 kg	7,5 kg	7,2 kg	4 kg	9 kg	2,7 kg	0,6 kg	5,6 kg
Alttier	37 kg	5,7 kg	6,4 kg	2,5 kg	3,6 kg	2,6 kg	0,5 kg	3,3 kg

* Gewogen ohne Haupt und Läufe

Lagerzeit

Lagerzeit bei einer Temperatur von -18 °C 12 bis 18 Monate

Oberschale

Als Oberschale wird in der Fleischereifachsprache die ausgelöste Skelettmuskulatur der Innenseite des Oberschenkels bezeichnet.
Die Oberschale besteht aus kurzfasrigem, magerem, zartem Fleisch. Diese gilt als eines der wertvollsten Fleischstücke.

Unterschale (= Fricandeau)

Als Unterschale (auch Schwanzstück, in der Schweiz Unterspälte oder Unterstück) wird die ausgelöste Skelettmuskulatur der hinteren Außenseite des Oberschenkels bezeichnet. Das Fleisch der Unterschale ist nicht ganz so feinfasrig wie das der Oberschale und hat eine deutliche Fettauflage.

Nuss (große Nuss)

Die Nuss ist ein Teilstück der Keule und eines der fettärmsten Teilstücke. Oft oder auf Wunsch wird einem die Keule zerteilt angeboten. Die Keule besteht aus Oberschale, Unterschale, Nuss und Hüfte.

Hüfte (kleine Nuss)

Die Hüfte ist ein Teilstück der Keule und eines der fettärmsten Teilstücke. Die Garzeit der Hüfte ist sehr kurz und somit für Kurzgebratenes oder kleine Steaks bestens geeignet.

Rückenfilet (= Lende)

Das Filet ist der lange, keulenförmige Muskelstrang, der sich auf beiden Seiten der Wirbelsäule entlangzieht (der ausgelöste Rücken ohne Knochen). Das Fleisch ist besonders zart, mager und saftig. Da es einen kleinen Anteil der gesamten Muskelmasse ausmacht, ist das Rückenfilets das teuerste Stück.

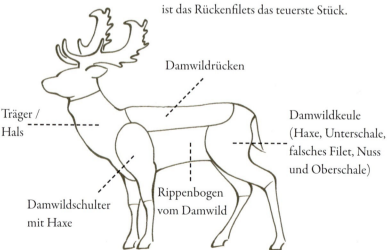

Damwildrücken

Träger / Hals

Damwildkeule (Haxe, Unterschale, falsches Filet, Nuss und Oberschale)

Damwildschulter mit Haxe

Rippenbogen vom Damwild

Filet
Das »echte« Filet ist ein kleiner, kurzter und zarter Fleischstrang der innen zwischen Hüfte und Wirbelsäule liegt.

Träger / Hals
Aus dem Hals des Damwildes lassen sich Suppen, Gulasch, Eintöpfe und aromatische Fonds herstellen.

Schulter
Geschmort lässt sich aus der Schulter (mit Knochen) ein saftiger Braten zubereiten.

Stück	für	Garart	Garzeit
Schulter			
Schulterfleisch	Gulasch, Ragout, Braten	schmoren	lang
Keule			
Oberschale	Schnitzel, Steak, Kurzgebratenes, Roulade	kurz gebraten	kurz
Unterschale	Braten	schmoren	lang
Nuss (große Nuss)	Braten, Kurzgebratenes, Steak, Schnitzel	kurz gebraten	kurz
Hüfte Nuss (kleine Nuss)	Steak, Kurzgebratenes	kurzgebraten	sehr kurz
Läufe			
Haxen		schmoren	lang
Wade		schmoren	lang
Träger (Hals)			
Träger ausgelöst oder mit Knochen	im Ganzen	schmoren	lang
Rückenfilet			
Rücken	in Scheiben o. am Stück	kurz gebraten	sehr kurz
Filet			
Filet	in Scheiben o. am Stück	kurz gebraten	sehr kurz

Damhirsch-Keule
oder -rücken in Folie

800–1000 g Keulenfleisch
2 Zwiebeln
1 Karotte
1 Sellerieknolle
Salz, Pfeffer
1 EL Zitronensaft
2 EL Orangensaft
80 g Speck
2 EL Johannisbeergelee
125 ml Sahne
etwas halbtrockener Rotwein

Den Braten und die kleingeschnittenen Zwiebel-, Möhren- und Selleriestücken würzen und die Säfte hinzugeben. In die Bratfolie legen und mit Speckscheiben belegen. Die Bratfolie auf den kalten Rost einschieben, im Ofen bei 200 Grad Umluft 45 Minuten angaren und bei 175 Grad Umluft weiter 30 bis 40 Minuten (je nach Fleischstück) fertiggaren. Bratensaft und Gemüse durch ein Sieb streichen, mit Johannisbeergelee nochmals aufkochen lassen. Wie üblich binden und mit Sahne und Rotwein abschmecken.

TIPP Als Beilage empfehle ich Spätzle oder Kroketten, Blattsalat oder gemischten Salat und Rosenkohl. Es ist einfach zu machen und schmeckt sehr gut.

Barbara Gallasch, Lautrach

Damhirsch-Schulter
mit Sauerkirschen

ca. 1,5 kg Damhirsch-Schulter
250 ml Rotwein
250 ml Sauerkirschsaft
Butterschmalz für die Pfanne
Salz nach Belieben
8 Pfefferkörner
1 Lorbeerblatt
1 Nelke
1 Gemüsebrühwürfel
5 EL Sauerkirschen
1 TL Mehl
2 EL Sahne

Das Fleisch einen Tag lang in Rotwein und Kirschsaft einlegen. Abtrocknen und kräftig mit Butterschmalz anbraten. Salz und Gewürze zufügen. Mit der Marinade und Gemüsebrühwürfel 50 Minuten garschmoren lassen. Sauerkirschen zugeben.
Soße mit Mehl binden, kurz aufkochen und mit Sahne abschmecken.

Barbara Gallasch, Lautrach

TIPP: Als Beilage empfehle ich Semmelknödel, Waldorfsalat und heiße Williamsbirne.

Damhirschbraten in Rotwein

1,5 kg Fleisch (Schulter)
Salz, Pfeffer
Zwiebel
Sellerie
Lauch
Karotten
500 ml Rotwein (trocken)
Fleischbrühe
Petersilie
Wildgewürz, gemahlen
1 Becher Sahne
Butterschmalz
für die Pfanne
Butter

Das Hirschfleisch salzen und pfeffern und in heißem Fett rundum gut anbraten. Das Gemüse kleinschneiden und mit anbraten.
Mit etwas Rotwein und Fleischbrühe aufgießen.
Die Gewürze und Kräuter hinzufügen. Bei 200 Grad etwa 2 Stunden garen. Nach und nach den Rotwein nachgießen. Das Fleisch nach dem Garen herausnehmen und warmstellen. Soße abseihen, Sahne zugeben und kalte Butter unterschlagen.

Marianne Mesmer, Bodolz

Damwildsteak auf rotem Zwiebelkompott mit Kartoffelgratin

Für das Kompott:
50g Zucker
40 g Butter
800 g rote Zwiebel in Würfel
150 ml Portwein Rot
3 El dunkler Balsamico
100 ml Gemüsebrühe
50 g Preiselbeeren

Für das Kartoffelgratin:
1 kg Kartoffeln (vorwiegend festkochend)
600 ml Sahne
1 Knoblauchzehe
Salz
Pfeffer
Muskat

Für das Damwildsteak:
800 g Damwild-Rücken
2 El Öl
1 Zweig Rosmarin
1 Zweig Thymian
Salz, Pfeffer

Für das Kompott den Zucker und die Butter in einer Pfanne karamellisieren lassen, die Zwiebelwürfel hinzugeben und farblos anschwitzen. Mit Portwein, Balsamico und der Brühe ablöschen. Die Preiselbeeren dazu geben und alles zusammen einkochen lassen.

Für das Kartoffelgratin die geschälten Kartoffeln in 1 mm dicke Scheiben schneiden. Mit Sahne, Pfeffer, Salz, Muskat und Knoblauch mischen und abschmecken. In eine Auflaufform geben und bei 175 °C / 45 Minuten in den vorgeheizten Backofen geben.

Für die Steaks den Rücken in gleich große Portionen schneiden und den zuvor gewürzten Rücken scharf anbraten. Die beiden Zweige in die Pfanne zugeben. Bei 120 °C/ 15–20 Min. in den Ofen stellen und ziehen lassen.

Sven Schmidt, Memmingen

Das Gamswild

Begriffserklärung
Gamsbock: Das männliche Tier
Gams: Das weibliche Tier
Gamskitz: Das Jungtier

Optisch ist die Gams leicht zu erkennen: Sie hat die typischen Grucken (Stirnwaffen / Hörner). Vorzugsweise bewohnt das Gamswild im Allgäu die oberste Wald- und vor allem die Alm- und Latschenzone, aber in Bergwäldern ist es teilweise bis in die Tallagen zu sehen. Das Gamswild ist hervorragend an das Leben im Hochgebirge angepasst, es bewohnt die Alpen aber auch andere europäische Hochgebirge wie die Pyrenäen, den Apennin, die Abruzzen, die Tatra, die Karpaten, den Balkan und den Kaukasus. Das Gamswild kann ganzjährig oberhalb der Waldgrenze leben, ist tagaktiv und ruht bei Nacht. Das lange und dichte Winterhaar und die Fähigkeit, im Winter mit karger Äsung auszukommen, ermöglicht es dem Wild, den harten Bergwinter zu überstehen. Die Nahrungsgrundlage besteht im Sommer vorwiegend aus Kräutern und Gräsern der Bergmatten, im Winter aus Knospen von Zwergsträuchern und Laubbäumen, Baumflechten sowie Latschentrieben. Das Gamswild bringt einmal im Jahr im Frühjahr (Mai / Juni) in der Regel ein Kitz zur Welt.

Jagdzeiten
Die gesetzlich geregelte Jagdzeit- und Schonzeit ist überwiegend dem Lebenszyklus der Tiere angepasst. Wann Tiere bejagt werden dürfen, ist genau festgelegt und somit ist frisches Wildbret aus heimischen Revieren nur in der jeweiligen Hauptjagdsaison zu bekommen. Die schwierige Gamsjagd stellt an den Gamsjäger körperlich sehr hohe Anforderungen. Die traditionelle Gamsjagd beginnt am 1. August und endet am 15. Dezember.

Teile und Verwendung
Das dunkle, aromatische und saftige Fleisch jüngerer Tiere und Kitze ist für den Kenner eine wahre Delikatesse. Eine erwachsene Gams wiegt ca. 25 bis 40 kg. Fleisch von älteren Tieren ist oft fett (talgig), zäh und schmeckt oftmals leicht tranig. Jüngere Tiere sind also für die Küche zu bevorzugen.

Lagerzeit
Lagerzeit bei einer Temperatur von −18 °C 12 Monate

Gams in Rotweinsoße

2 große Gelbe Rüben
2 Knoblauchzehen
1 kleiner Sellerie
3 Zwiebel
1 Lauch
1 Gamsschlegel
6 Lorbeerblätter
5 Pimentkörner
10 Wacholderbeeren
etwas Rosmarin
etwas Salz, Pfeffer
2 l trockener, kräftiger Rotwein
evtl. Brotrinde
2 Äpfel
Rotweinessig zum Abschmecken
Sahne zum Abschmecken
Butterschmalz zum Anbraten

Gemüse zerkleinern, mit dem Schlegel und den Gewürzen in einen Topf geben, den Rotwein darübergießen und etwa 3 Tage bei kühler Temperatur beizen. Danach den Schlegel aus der Beize nehmen, abtupfen, pfeffern, salzen und in Butterschmalz anbraten. Brotrinde, zerkleinerte Äpfel, Gemüse und etwas von der Beize dazugeben und bei etwas 180 Grad je nach Alter der Gams und Größe des Schlegels bei geschlossenem Topf 2 bis 2,5 Stunden schmoren. Nach und nach mit der Beize aufgießen. Nach der Garzeit den Schlegel warmstellen, die Soße mit dem Gemüse mixen, mit Salz, Pfeffer, Rotweinessig und Sahne abschmecken.

TIPP Den aufgeschnittenen Schlegel mit Preiselbeeren, Blaukraut und Spätzle servieren. Statt der Brotrinde kann man auch Lebkuchen verwenden.

Anna Maria Krinner, Kaufbeuren

Gamsgulasch

600 g sehnenfreies Gamsfleisch aus der Nuß oder Schulter
1 Zwiebel
1 Gelbe Rübe
etwas Salz, Pfeffer
einige Wacholderbeeren
einige Lorbeerblätter
250 ml Rotwein
250 ml Wildfond
1 EL Tomatenmark
Sahne zum Abschmecken
Butterschmalz für die Pfanne

Das Gamsfleisch klein schneiden und in Butterschmalz anbraten. Zwiebel und Gelbe Rüben klein schneiden und mit anrösten. Mit Salz und Pfeffer würzen. Wacholderbeeren und Lorbeerblätter zugeben und mit Rotwein und Wildfond aufgießen. In der Backröhre bei 90 bis 100 Grad etwa 2,5 Std. garen. Gulasch mit Tomatenmark und Sahne abschmecken.

Anna Maria Krinner, Kaufbeuren

TIPP Wer eine etwas dickere Soße möchte, kann Mehlbutter dazugeben. Je nach Region Spätzle, Semmelknödel oder Nudeln dazu servieren. Zum Abschmecken kann statt Sahne auch Crème double verwendet werden.

Hase & Kaninchen

Der Feldhase

Begriffserklärung
Rammler: Das männliche Tier
Häsin oder Zibbe: Das weibliche Tier
Junghase: Das Jungtier

Der Feldhase liebt abwechslungsreiche Feld- und Wiesenlandschaften. Tagsüber verbringt der Hase seine Zeit meist in seiner Sasse (Lager) und wird am Abend zur Nahrungssuche und -aufnahme wieder aktiv. Er bevorzugt frisch umgepflügte Sturzäcker, Feldraine, Grabenböschungen, Wiesen und Heckenränder, um sich vor seinen Feinden zu schützen. Je nach Wind und Wetter sucht sich der Hase seine Sasse in seinem Revier und wählt warme, windstille Plätze aus. Der Feldhase ist ein Einzelgänger, aber bei der Nahrungsaufnahme treffen oft viele Tiere an den gleichen Plätzen friedlich zusammen.
Sie wechseln auch oft gemeinsam jeden Abend vom Wald ins Feld und kehren morgens dorthin zurück. Die Paarungszeit ist bei günstigem Wetter von Ende Dezember bis in den August hinein. Im Laufe des Frühjahrs und des Sommers werden drei bis vier mal je zwei bis drei (selten auch vier bis fünf) Junghasen geboren.

Jagdzeiten
Die gesetzlich geregelte Jagdzeit- und Schonzeit ist überwiegend dem Lebenszyklus der Tiere angepasst. Wann Tiere bejagt werden dürfen, ist genau festgelegt und somit ist frisches Wildbret aus heimischen Revieren nur in der jeweiligen Hauptjagdsaison zu bekommen. Vom 16. Oktober bis 31. Dezember darf der Feldhase erlegt werden.

Teile und Verwendung
Das Fleisch des Feldhasen ist in der Wildküche eine der beliebtesten Fleischarten überhaupt. Im Handel gekauftes Fleisch stammt leider überwiegend aus Importen. Frisches Hasenfleisch ist jedenfalls zu bevorzugen. Ein Feldhase bringt zwischen 4 und 8 kg auf die Waage.

Gefüllter Hase

1 junger Wildhase

Für die Beize:
Essig
Wasser
(Verhältnis 1:1)

Für die Füllung:
50 g geräucherter Speck
1 alte Semmel
Milch zum Einweichen
250 g Hackfleisch
vom Rind
50 g geriebener Käse
nach Wahl
frische Petersilie
2 Knoblauchzehen
1/2 Zitrone
2 Eier

Zum Abschmecken:
Salz, Pfeffer
Zimt
Muskatnuss
Fett zum Einpinseln

Den Hasen in die Beize einlegen. Nach 12 Stunden aus der Beize nehmen und abtupfen. Für die Füllung den Speck würfeln und in eine große Schüssel geben. Die alte Semmel in Milch einweichen und wieder ausdrücken. Die Masse mit dem Hackfleisch und dem Käse, der Petersilie, den zerdrückten Knoblauchzehen, der abgeriebenen Schale der Zitrone und den Eiern gut vermengen. Mit Salz, Pfeffer, Zimt und Muskatnuss abschmecken. Den Hasen damit füllen und zunähen. Dann mit Fett einpinseln und bei 200 Grad etwa 1 bis 1,5 Stunden braten. Während des Bratens mit Bratensaft begießen. Den gefüllten Hasen sofort heiß servieren.

Marianne Mesmer, Bodolz

Hasenfilet
mit Camembert-Knödel

Für das Hasenfilet:
600 g Hasenrücken
(oder 350 g ausgelöstes
Hasenfilet)
4 EL Butter
Salz, Pfeffer zum
Abschmecken

Für die Knödel:
75 g Camembert
1 Packung
Kartoffelknödelteig
(à 750 g)

Für die Soße:
1 Möhre
1 kleine Zwiebel
1 kleine Stange Lauch
200 ml Wildfond
125 ml Rotwein
125 g Crème Fraîche
1 EL Preiselbeerkompott

Das Hasenfilet aus den Knochen herauslösen, kalt abspülen und trocken tupfen. Das Gemüse putzen, waschen und klein schneiden. Den Camembert entrinden und in kleine Stücke schneiden.
Den Knödelteig nach Packungsanweisung zubereiten. Aus dem Teig 8 Knödel formen und diese mit den Camembert-Würfeln füllen. Die Knödel in kochendes Wasser geben, etwa 3 bis 5 Minuten kochen lassen, dann noch weitere 20 Minuten ohne Hitze ziehen lassen. In der Zwischenzeit die Butter in einem Schmortopf erhitzen und das Hasenfilet darin von allen Seiten 12 bis 15 Minuten kräftig anbraten, dabei salzen und pfeffern. Anschließend das Hasenfilet herausnehmen und warm stellen. Das Gemüse im Bratensaft andünsten, mit Wildfond und Wein ablöschen und einkochen lassen. Die Soße durch ein Sieb streichen. Crème fraîche an die Soße geben. Mit Preiselbeerkompott abschmecken. Das Hasenfilet in Scheiben schneiden und mit Camembert-Knödeln und der Soße servieren.

Herbert Wirths, Fischach

Das Rotwild

Begriffserklärung

Hirsch: Der Hirsch, das männliche Tier
Schmalspießer: Männliches Tier im ersten Lebensjahr
Hirschkuh o. das Kahlwild: Das weibliche Tier
Schmaltier: Weibliches Tier im ersten Lebensjahr
Hirschkalb: Das Jungtier

Unter den Hirscharten ist das Rotwild heute unsere größte freilebende Wildart. Der Rothirsch schmückt sich mit einem schönen und imposanten Geweih. Das Geweih besteht aus einer Knochenmasse und wird einmal im Jahr abgestoßen, um dann wieder neu zu wachsen. Der Lebensraum des Rotwildes waren ursprünglich offene oder licht bewaldete Waldsteppen und Auen. Die Besiedlung und die industrialisierte Landwirtschaft hat das Wild in geschlossene Waldgebiete zurückgedrängt. Bei uns kommt das Rotwild nur noch in mehr oder weniger großen, voneinander getrennten Rückzugsgebieten vor, meist in Mittelgebirgswäldern, den Bergwäldern der Alpen, z. B. im Allgäu, sowie in großen Waldgebieten des Flachlandes (Lüneburger Heide) und vereinzelt noch in Flussauen. In seiner ursprünglichen Form ist das Rotwild tagaktiv und bevorzugt offene, weiten Flächen. Diese natürliche Verhaltensweise ist bei uns kaum mehr zu beobachten. Natürliche Wanderungen, in denen es zwischen Sommer- und Wintereinständen (Quartiere) wechselt, ist infolge der räumlichen Beengung leider nicht mehr zu beobachten. Als ursprünglicher Steppenbewohner ist das Rotwild ein ausgesprochener Grasfresser und weidet am liebsten Gräser und Kräuter auf offenen, weiten Flächen. Triebe von Laub- und Nadelhölzern, Pilzen und Waldfrüchten aller Art, Eicheln, Bucheckern, Wildobst oder Vogelbeeren nimmt das Wild gerne auf. Das Rotwild lebt in Rudeln. Hirsche im Erwachsenenalter leben in Hirschrudeln zusammen, ältere Hirsche hingegen sind oft Einzelgänger. Setzt die Hirschkuh nach einer Tragzeit von 8 ½ Monaten Ende Mai bis Juni ein, selten zwei Kälber, bleiben die weiblichen Tiere mit Ihren Jungtieren als Rudel zusammen. Diese werden oft von Junghirschen begleitet. Natürliche Feinde (Großraubtiere) hat das Rotwild bei uns nicht mehr, seine Regulierung obliegt ausschließlich der jagdlichen Bewirtschaftung.

Jagdzeiten

Die gesetzlich geregelte Jagdzeit- und Schonzeit ist überwiegend dem Lebenszyklus der Tiere angepasst. Wann Tiere bejagt werden dürfen, ist genau festgelegt und somit ist frisches Wildbret aus heimischen Revieren nur in der jeweiligen Hauptjagdsaison zu bekommen, die von Juni bis Januar (Schmaltiere und Schmalspießer) und August bis bis Januar (Kälber, Alttiere und Hirsche) dauert.

Teile und Verwendung

Diese Hirschart ist die größte einheimische Wildart und das Fleisch steht bei vielen Genießern an oberster Stelle. Das dunkle, kernige Fleisch wird auch in der Gastronomie sehr geschätzt. 100 bis 300 kg können Rothirsche je nach Lebensraum schwer werden. Hirschkühe hingegen werden zwischen 70 und 100 kg und Kälber zwischen 30 und 70 kg schwer.

Gewichtstabelle

Rotwild	Gesamt-gewicht*	Rücken	je Keule	je Blatt	Hals	je Rippen-bogen	je Bauch-lappen	Decke
Hirsch	95 kg	17 kg	15,4 kg	8,5 kg	10,5 kg	4,5 kg	0,8 kg	8,5 kg
Schmaltier	38 kg	5,7 kg	6,9 kg	3,5 kg	3 kg	1,7 kg	0,4 kg	4 kg
Kalb	33 kg	5,4 kg	6,5 kg	3,2 kg	2,2 kg	1,3 kg	0,3 kg	2,7 kg

* Gewogen ohne Haupt und Läufe

Stück	für	Garart	Garzeit
Schulter			
Schulterfleisch	Gulasch, Ragout, Braten	schmoren	lang
Keule			
Oberschale	Schnitzel, Steak, Kurzgebraten, Roulade	kurz gebraten	kurz
Unterschale	Braten	schmoren	lang
Nuss (große Nuss)	Braten, Kurzgebraten, Steak, Schnitzel	kurz gebraten	kurz
Hüfte Nuss (kleine Nuss)	Steak, Kurzgebraten	kurzgebraten	sehr kurz
Läufe			
Haxen		schmoren	lang
Wade		schmoren	lang
Träger (Hals)			
Träger ausgelöst oder mit Knochen	im Ganzen	schmoren	lang
Rückenfilet			
Rücken	in Scheiben o. am Stück	kurz gebraten	sehr kurz
Filet			
Filet	in Scheiben o. am Stück	kurz gebraten	sehr kurz

Oberschale

Als Oberschale wird in der Fleschereifachsprache die ausgelöste Skelettmuskulatur der Innenseite des Oberschenkels bezeichnet.
Die Oberschale besteht aus kurzfasrigem, magerem, zartem Fleisch. Diese gilt als eines der wertvollsten Fleischstücke.

Unterschale (= Fricandeau)

Als Unterschale (auch Schwanzstück, in der Schweiz Unterspälte oder Unterstück) wird die ausgelöste Skelettmuskulatur der hinteren Außenseite des Oberschenkels bezeichnet. Das Fleisch der Unterschale ist nicht ganz so feinfasrig wie das der Oberschale und hat eine deutliche Fettauflage.

Nuss (große Nuss)
Die Nuss ist ein Teilstück der Keule und eines der fettärmsten Teilstücke. Oft oder auf Wunsch wird einem die Keule zerteilt angeboten. Die Keule besteht aus Oberschale, Unterschale, Nuss und Hüfte.

Hüfte (kleine Nuss)
Die Hüfte ist ein Teilstück der Keule und eines der fettärmsten Teilstücke. Die Garzeit der Hüfte ist sehr kurz und somit für Kurzgebratenes oder kleine Steaks bestens geeignet.

Rückenfilet (=Lende)
Das Filet ist der lange, keulenförmige Muskelstrang, der sich auf beiden Seiten der Wirbelsäule entlangzieht (der ausgelöste Rücken ohne Knochen). Das Fleisch ist besonders zart, mager und saftig. Da es einen kleinen Anteil der gesamten Muskelmasse ausmacht, ist das Rückenfilets das teuerste Stück.

Filet
Das »echte« Filet ist ein kleiner, kurzter und zarter Fleischstrang der innen zwischen Hüfte und Wirbelsäule liegt.

Träger / Hals
Aus dem Hals des Rotwildes lassen sich Suppen, Gulasch, Eintöpfe und aromatische Fonds herstellen.

Schulter
Geschmort lässt sich aus der Schulter (mit Knochen) ein saftiger Braten zaubern.

Träger / Hals

Rotwildrücken

Rotwildschulter mit Haxe

Rippenbogen vom Rotwild

Rotwildkeule (Haxe, Unterschale, falsches Filet, Nuss und Oberschale) mit Haxe

Försterspieße

mit Cumberlandsoße

TIPP Als Beilagen passen: Kartoffelbrei oder Kartoffelkroketten und Salat. Das Gericht ist schnell zubereitet

Für die Cumberlandsoße:
1 Apfelsine
etwas Rotwein
250 g Johannisbeergelee
2 TL Senf
Zitronensaft zum Abschmecken

Für die Spieße:
500 g Hirschrücken ohne Knochen
100 g Speck
1 Essiggurke
1 Zwiebel
4 EL Öl
Salz, Pfeffer

Für die Soße die Schale der Apfelsine waschen. Schale von der weißen Haut befreien und in sehr feine Streifen schneiden. Mit 3 EL Rotwein vermengen und 10 Minuten kochen. Kalt stellen. Johannisbeergelee und Senf mit Schneebesen gut verrühren und unter die erkaltete Soße rühren. Mit Salz, Zitronensaft und Rotwein abschmecken.
Für die Försterspieße den Hirschrücken waschen, abtrocknen, enthäuten und in etwa 3 cm große Würfel schneiden. Speck, Essiggurke und Zwiebel in etwa 2 cm große Würfel schneiden. Abwechselnd auf Spieße stecken. Öl in Pfanne erhitzen, die Spieße von allen Seiten anbraten, mit Salz und Pfeffer bestreuen. Die Cumberlandsoße dazu reichen.

Judith Mayer, Böhen

Gespicktes Hirschkalbsschnitzel

4 Schnitzel aus dem Schlegel (Keule)
50 g Speck
2 EL Öl
3 EL Butter
Salz, Pfeffer

Aus dem gehäuteten Schlegel 4 schöne Schnitzel schneiden und diese leicht klopfen. Das Fleisch spicken. Das Öl über die Schnitzel träufeln und einige Minuten ruhen lassen. Die Hirschkalbsschnitzel werden in heißer Butter auf jeder Seite etwa 4 Minuten angebraten und erst am Schluss mit Salz und etwas Pfeffer bestreut.

Christine Redler, Bolsterlang

TIPP

Wenn Sie keine Spicknadel haben, ritzen Sie mit einem scharfen Messer die Fleischscheiben einige Male ein und ziehen Sie jeweils einen kleinen Streifen Speck durch den Einschnitt. Sie können auch mit Zahnstochern den Speck auf dem Schnitzel befestigen. Das Schnitzel ist sehr zart. Dazu passen Spätzle, Wildrahmsoße und gemischter Salat.

Hirschbraten

Für 8 Personen

Für die Beize:
2 Zwiebeln
1/2 Stück Sellerie
1 kleiner Tannenzweig
1 Lorbeerblatt
6 Wacholderbeeren
schwarzer Pfeffer nach Belieben
250 ml Rotwein
2 kg Hirschbraten

Für den Braten:
100 g Speck
1 Zwiebel
1/2 Stück Sellerie
Salz, Pfeffer nach Belieben
1 EL Johannisbeergelee
100 g saure Sahne
1 TL Stärkemehl

Das Gemüse kleinschneiden und mit den Gewüzen und dem Wein als Beize zubereiten und das Fleisch darin 1 bis 2 Tage im Kühlschrank marinieren. Für die Soße den Speck würfeln und mit dem abgetropften Fleisch in einer Pfanne anbraten. Zwiebel und Sellerie dazugeben. Mit Salz und Pfeffer würzen und mit Marinade auffüllen, so dass das Fleisch bedeckt ist. Im Schnellkochtopf etwa 25 Minuten garen. Mit Gelee abschmecken und eventuell nachwürzen. Die saure Sahne mit der Speisestärke verrühren und zugeben.

Michaela Epple, Leuterschach

TIPP
Die Rotweinmenge auf Größe des Hirschbratens abstimmen. Das Fleisch muss von der Beize bedeckt sein.
Nach Geschmack kann man auch mehr Johannisbeergelee und zusätzlich Balsamico-Essig zugeben. Dazu Spätzle, Blaukraut und ein Gläschen Wein reichen.

Hirschgulasch

1 Zwiebel
1 Karotte
1/4 Sellerie
2 EL Butterschmalz
600 g Hirschgulasch
Salz und Pfeffer
zum Würzen
2 EL Tomatenmark
250 ml Rotwein
125 ml Brühe
4 Lorbeerblätter
1 EL Wacholderbeeren
1 EL Preiselbeeren
125 ml Sahne

Zwiebel grob hacken. Karotte und Sellerie würfeln. Fett in einen Topf geben, Zwiebel und Gemüse darin anschwitzen. Fleisch dazugeben und sehr heiß anbraten. Mit Salz und Pfeffer würzen. Tomatenmark mit anbraten. Mit Rotwein ablöschen, dann Brühe hinzugeben. Lorbeerblätter, Wacholderbeeren und Preiselbeeren zugeben. Alles etwa 1,5 bis 2 Stunden bei mittlerer Hitze köcheln lassen. Zum Schluss mit Sahne abschmecken.

Jennifer Eschbaumer, Durach

 TIPP Dazu passen Semmelknödel und heiße Birnen. Falls nötig, Soße mit Soßenbinder abschmecken.

Hirschgulasch mit Apfelmus

500 g Gulasch
Butterschmalz für die Pfanne
Salz nach Belieben
250 ml Fleischbrühe
5 EL Apfelmus
1/2 TL gemahlenes Wildgewürz
Rosinen nach Belieben
Sahne zum Abschmecken

Gulasch in heißem Butterschmalz scharf anbraten, salzen und mit Brühe aufgießen. Apfelmus und gemahlenes Wildgewürz dazugeben und 45 Minuten schmoren lassen. Zum Schluss Rosinen hinzufügen und nochmals 15 Minuten schmoren lassen. Mit Sahne abschmecken und nach Bedarf noch etwas frisches Apfelmus dazu geben.

Marianne Mesmer, Bodolz

Hirschgulasch

mit Austernpilzen

600 g Hirschgulasch
Salz, Pfeffer zum Würzen
1 EL Majoran
1 TL geriebene Zitronenschale
1 TL Wacholderbeeren
1 TL Pfefferkörner
1 TL Lorbeerblatt
1 Zwiebel in Würfeln
1 rote Paprikaschote
1 grüne Paprikaschote
4–5 EL Mehl
500 ml Rotwein
250 ml Gemüsebrühe
2–3 EL Preiselbeeren
etwas Obstessig
200 g Austernpilze
1/2 Becher Crème-fraîche
Pflanzenfett zum Anbraten

Hirschgulasch mit Salz, Pfeffer, Majoran sowie Zitronenschale würzen. Pflanzenfett im Topf erhitzen und Fleisch anbraten. Wacholderbeeren, Pfefferkörner und zerriebenes Lorbeerblatt zugeben, kurz mitschwitzen. Die Zwiebel würfeln und die Paprikaschoten in mundgerechte Stücke schneiden. Zwiebel- und Paprikawürfel zum Fleisch geben und kurz mitbraten. Fleisch mit Mehl bestäuben, rösten, mit Rotwein und Gemüsebrühe auffüllen. Preiselbeeren unterrühren und das Ganze mit Obstessig abschmecken. Das Gulasch bei mäßiger Hitze 70 bis 80 Minuten köcheln lassen. Kurz vor Garende die geputzten Pilze und Crème fraîche untermischen. Fertiggaren und nochmals abschmecken.

Ingeborg Gromer, Wiggensbach

TIPP Statt Austernpilze können auch Champignons oder Pfifferlinge verwendet werden.

TIPP Als Wildhackfleisch ist auch Reh sehr gut geeignet.

Hirsch-Lasagne

Für die Tomatensoße:
1 Zwiebel
2 Knoblauchzehen
1 Chilischote
400 g Tomaten
2–3 Karotten
400 g Wildhackfleisch
Salz, Pfeffer nach Belieben
Muskat nach Belieben
40 g Tomatenmark
100 ml Brühe
50 ml Rotwein
Olivenöl für die Pfanne

Für die Fertigstellung:
30 g Butter
30 g Mehl
400 ml Milch
1 TL Gemüsebrühe
1 Mozzarella
Butter für die Form
12 Lasagneblätter

Zwiebeln und Knoblauch fein hacken. Chili ohne Samen in feine Streifen schneiden. Tomaten häuten und das Fruchtfleisch würfeln. Karotten fein würfeln. Zwiebel, Knoblauch und Chili in heißem Öl anschwitzen. Hackfleisch zugeben und scharf anbraten. Mit Salz, Pfeffer und Muskat würzen. Tomaten, Tomatenmark, Karotten, Brühe und Rotwein zugeben und mindestens zehn Minuten kochen lassen.
Für die Béchamelsoße Butter und Mehl anschwitzen und mit der Milch aufgießen. Mit dem Schneebesen kräftig rühren und aufkochen lassen. Mit Salz, Pfeffer und Gemüsebrühe abschmecken. Mozzarella in dünne Scheiben schneiden. Form ausfetten und mit einer Lage Lasagneblätter auslegen. Erst Hackfleischsoße, dann Bechamelsoße darüber geben. Vorgang wiederholen und zum Schluss die Lasagne mit den Mozzarella-Scheiben belegen.
Im vorgeizten Ofen bei etwa 160 Grad Umluft etwa 35 bis 40 Minuten backen.

Jennifer Eschbaumer, Durach

Hirschroulade

Für die Marinade:
4 Hirschsteaks aus der Keule zu je 150 g
1 Zwiebel
4 EL Öl
2 EL Rotweinessig

Für die Füllung:
1/2 grüne Paprikaschote
1 kleine Gewürzgurke
1 TL Salz
1/2 TL Paprikapulver (scharf)
1 TL grüne Pfefferkörner
70 g fetter Speck in dünnen Scheiben

Für die Soße:
250 ml Wildkraftbrühe
1 EL Öl
100 g Crème fraîche
1 EL Petersilie

Die Hirschsteaks waschen und alle Häutchen abschneiden. Die Zwiebel reiben, mit dem Öl und dem Essig mischen und die Steaks darin zugedeckt 24 Stunden im Kühlschrank marinieren.

Die Paprikaschote und die Gurke in Streifen schneiden. Die Hirschsteaks trockentupfen und einseitig mit dem Salz, dem Paprikapulver und dem zerdrückten grünen Pfeffer bestreuen. Die Paprika- und Gurkenstreifen quer darauflegen. 2 Scheiben Speck würfeln und auf die Steaks verteilen. Diese aufrollen, mit restlichem Speck umwickeln und mit Rouladenklammern befestigen. Die Wildbrühe zum Kochen bringen. Die Rouladen im Öl anbraten, mit der Wildbrühe angießen und zugedeckt 40 Minuten schmoren lassen. Die Soße mit der Crème fraîche und mit der gehackten Petersilie verrühren. Soße über die Rouladen gießen.

TIPP Dazu passen Brokkoli und Kartoffelkroketten.

Claudia Endres, Bad Grönenbach
& Katharina Redler, Dietrichs

TIPP Nach Bedarf das Fleisch länger als 5 Minuten anbraten.

Hirschsteaks in Hagebutten

Für 4 bis 6 Personen

Für die Soße:
100 g getrocknete Hagebutten
1 EL Zitronensaft
etwa 1 Prise Zucker
10 g Stärkemehl

Für die Steaks:
800 g Hirschfleisch aus der Keule
Salz, Pfeffer nach Belieben
2 EL Mehl
200 g Champignons
1 Zwiebel
3 EL Butterschmalz oder Öl

Die Hagebutten etwa zwei Stunden in Wasser einweichen. Durch ein Sieb gießen. Hagebutten vom Stielansatz und der schwarzen Blüte befreien. Danach halbieren, von den Kernen befreien und unter fließendem, warmen Wasser abspülen.
Mit 350 ml Wasser und Zitronensaft 10 Minuten kochen. Währenddessen das Hirschfleisch häuten, waschen, trockenreiben und in 1 cm dicke Scheiben schneiden. Leicht klopfen, salzen, pfeffern und in Mehl wenden. Die Champignons putzen und in dünne Scheiben schneiden. Zwiebel abziehen und vierteln. Die Hirschsteaks in heißem Fett 5 Minuten anbraten. Champignons und Zwiebel zugeben und nochmals etwa 5 Minuten braten.
In einem extra Topf die Hagebutten durch ein Sieb streichen. Nach Geschmack mit Zucker süßen und kurz aufkochen lassen. Das Stärkemehl mit etwas Wasser verquirlen und die Soße damit binden.
Die Steaks mit der Soße servieren.

Maria Rudhart, Urlau

Junghirschleber
nach »Bruggauer Art«

Junghirschleber
2–3 Zwiebeln
1 Peperoni
Cognac nach Bedarf
Salz, Pfeffer
Sahne nach Bedarf
Butterfett für die Pfanne

Die Leber mit dem kleingeschnittenen Zwiebeln in Butterfett kurz scharf anbraten. Die in Scheiben geschnittenen Peperoni dazugeben, mit Cognac aufgießen und nochmals kurz aufkochen lassen. Mit Sahne abschmecken. Vor dem Servieren salzen und pfeffern.

Marianne Mesmer, Bodolz

TIPP: Dazu passen Nudeln und Salate.

Saftiges Wildgulasch

mit Wein und Pilzen

125 g Schalotten
250 g Champignons
50 g geräucherter Speck
5 Wacholderbeeren
800 g Gulasch vom Hirsch
2 EL Butterschmalz
Salz, Pfeffer nach Belieben
1 EL Tomatenmark
150 ml Rotwein trocken
1 TL Instantbrühe
1 Lorbeerblatt
2 Gewürznelken
2–3 EL Preiselbeeren aus dem Glas
2 EL Soßenbinder dunkel
2 EL Crème fraiche
Petersilie zum Garnieren

Schalotten klein schneiden, Pilze blättrig schneiden. Speck fein würfeln, Wacholderbeeren grob zerstoßen. Fleisch in kleinere Würfel schneiden. Butterschmalz in einem großen Topf erhitzen. Speck darin auslassen und danach wieder herausnehmen. Fleisch darin portionsweise anbraten und wieder herausnehmen. Pilze und Schalotten in dem Speckfett anbraten. Fleisch und Speck wieder zugeben. Mit Salz und Pfeffer würzen. Tomatenmark einrühren und anschwitzen. Mit 500 ml Wasser und Rotwein ablöschen, aufkochen und Brühe einrühren. Lorbeer, Nelken, Wacholder und die Hälfte der Preiselbeeren zufügen. Alles zugedeckt etwas 1 bis 1 1/4 Stunden schmoren lassen. Soßenbinder ins Gulasch rühren und nochmals aufkochen. Mit Salz und Pfeffer abschmecken. In einer Schüssel anrichten und mit einem Klecks Crème fraîche sowie den restlichen Preiselbeeren garnieren. Nach Belieben mit Petersilie bestreuen.

Martina Böck, Eppishausen

TIPP: Statt Schalotten kann man auch kleine Zwiebeln verwenden. Man kann auch Zwiebeln, Pilze und den Speck gleichzeitig anbraten. Hirschfleisch kann auch durch Rehfleisch ersetzt wenden.

Stifado vom Hirschkalb

in Grappa-Wacholdersoße – dazu Bubenspitzle

Für das Stifado:
500 g Wade Hirschkalb
Grappa nach Bedarf
2 Karotten
1 kleine Sellerie
1 kleine Stange Lauch
5 Zwiebeln, 50 g Wammerl
7 Wacholderbeeren
1 Zimtstange, etwas Nelke
Salz, Pfeffer
1/2 Zitrone
2 Knoblauchzehen
etwas Thymian
etwas Rosmarin
Olivenöl nach Bedarf
2 EL Tomatenmark
etwas Zucker
500 ml Rotwein
250 ml Brühe oder Fond
2 Lorbeerblätter
1 TL Honig

Für die Bubenspitzle:
4 halbmehlige Kartoffeln
2 Eier
Salz, Pfeffer nach Bedarf
1 TL Backpulver
1 EL Frischkäse
Mehl nach Bedarf
etwas Salz
1–2 EL Öl
Butterschmalz für die Pfanne

Die Wade in großzügige Stücke schneiden. Mit Grappa marinieren und mindestens 3 Stunden kühl stellen, immer wieder wenden. Karotten, Sellerie und Lauch in etwa 1 cm große Würfel schneiden. Zwiebel würfeln. Wammerl in kleine Würfel schneiden. Wacholderbeeren, Zimtstange, Nelke, Salz und Pfeffer mörsern. Zitrone abschälen, so dass es eine Spirale gibt. Knoblauch, Thymian und Rosmarin hacken. Fleisch abtropfen lassen und Grappa auffangen. Fleisch in Olivenöl anbraten. Wammerlwürfel dazugeben, warm stellen. Zwiebeln und Gemüse anbraten, Tomatenmark und etwas Zucker dazugeben. Mit Rotwein, dem aufgefangenen Grappa und etwas Brühe aufgießen. Danach Fleisch, alle Gewürze und Honig dazugeben. Zugedeckt im Ofen bei 170 Grad 45-50 Minuten garen. Für die Bubenspitzle die ungeschälten Kartoffeln weichkochen. Schälen, durch eine Presse drücken und abkühlen lassen. Eier, Salz, Pfeffer, Backpulver, Frischkäse und soviel Mehl dazugeben, bis sie nicht mehr kleben. Fingerdicke Nudeln formen, in kochendes Salzwasser geben und einmal aufkochen lassen. Abschöpfen und in eiskaltes Wasser, in das man das Öl gegeben hat, werfen. Nach dem Erkalten abgießen, und abtropfen lassen. Bei Bedarf in Butterschmalz schön langsam braun anbraten.

Manfred Mair, Rosshaupten

TIPP: Zu einem Stifado gehören immer Nelken und Zimt. Als Beilage schmecken auch Reis, mitgegarte Kartoffelstücke oder nur Brot. Statt Frischkäse kann man bei den Bubenspitzle auch Quark verwenden.

Wildgulasch vom Hirsch

750 g Fleisch z.B. Bug (Schulter)
80 g durchwachsener Speck
2 EL Öl
3 Zwiebeln
Salz, Pfeffer nach Bedarf
1 EL Paprikapulver
70 g Tomatenmark
etwa 250 ml Wasser
1 Schuss Rotwein
2 TL Mehl
125 ml saure Sahne
evtl. 1 EL säuerliche Marmelade

Das ausgelöste Fleisch häuten und in Stückchen schneiden. Den Speck in Würfel schneiden und in heißem Öl ausbraten. Die kleingeschnittenen Zwiebeln hellgelb in diesem Fett anrösten. Das Fleisch dazugeben und kurz anbraten lassen. Salz, Pfeffer und Paprikapulver darüber streuen. Das Tomatenmark dazugeben und mit einem Teil des Wassers aufgießen. Das Gulasch leicht köchelnd etwa 60 Minuten weichkochen. Vielleicht muss während der Garzeit noch etwas Wasser oder Rotwein dazu gegossen werden. Das Mehl mit der Sahne glattrühren und damit die Soße binden. Eventuell die Marmelade zum Wildgulasch geben.

Christine Redler, Bolsterlang

TIPP Dazu passen Semmelknödel oder Spätzle und gemischter Salat. Als Marmeladen eignen sich z.B. Preiselbeer- oder Johannisbeermarmelade.

Mufflon

Das Muffelwild

Begriffserklärung
Widder: Das männliche Tier
Schaf oder Wildschaf: Das weibliche Tier
Widderlamm: Das männliche Jungtier
Widderschaf: Das weibliche Jungtier

Das Muffelwild bzw. das Mufflon ist das einzige Wildschaf Europas und weltweit die kleinste Wildschafform. Sein Aussehen erinnert auf den ersten Blick an ein Hausschaf. Das männliche Tier ist mit sogenannten Schnecken (Hörnern) geschmückt, diese Hornschläuche wachsen in Jahresperioden weiter.
Das Wildschaf lebt überwiegend im Wald. Es liebt Lichtungen innerhalb des Waldes und nimmt Deckung in Laub- und Nadelholzdickungen. Es ist tagaktiv und legt oft weite Strecken am Tag zurück.
Gräser und Kräuter der Bodenvegetation sind die Hauptnahrungsquelle des Wildes, aber auch Gehölze werden verbissen und die Feldflur mit landwirtschaftlichen Feldfrüchten werden ebenfalls zur Nahrungsaufnahme genutzt.
Das Muffelwild hat exzellente Sinne, es sieht, hört und riecht gut. Es lebt gesellig in Rudeln, erwachsene Widder in kleineren Verbänden. In der Brunft leben die Widder mit den Schafrudeln zusammen. Die Brunft liegt in den Monaten November und Dezember. Das Schaf bringt Ende April Anfang Mai ein bis zwei Lämmer zur Welt.

Jagdzeiten
Die gesetzlich geregelte Jagdzeit- und Schonzeit ist überwiegend dem Lebenszyklus der Tiere angepasst. Wann Tiere bejagt werden dürfen, ist genau festgelegt und somit ist frisches Wildbret aus heimischen Revieren nur in der jeweiligen Hauptjagdsaison zu bekommen, die von August bis Januar dauert.

Teile und Verwendung
Die kleinste aller Wildschafarten liefert sehr feines aromatisches Fleisch, welches in ganz Europa zu den beliebtesten Delikatessen zählt und auch bei den Spitzenköchen äußerst

beliebt ist. Widder wiegen zwischen 35 und 50 kg, Schafe zwischen 25 und 40 kg und Lämmer zwischen 12 und 18 kg.

Lagerzeit
Lagerzeit bei einer Temperatur von minus 18 °C Celsius 12 Monate

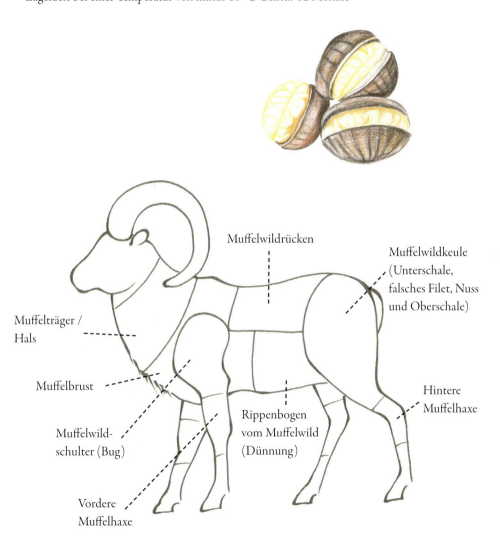

Böfflamot vom Mufflon

1 Stück Fleisch aus der Schuler (ausgelöst)

Für den Sud:
1 Flasche Rotwein
1 große Tasse Essig
1 große Tasse Wasser
1 EL Zucker
etwas Ingwer
1/2 Zimtstange
1 Sternanis
etwas Korianderkörner
etwas Pfefferkörner
abgeschälte Zitronenschale (mit dem Sparschäler schälen)
Lorbeerblatt
Pimentkörner

Zum Anbraten:
Wurzelgemüse nach Bedarf (z.B. Zwiebel, Lauch, Karotten, Sellerie, ...)
1 EL Tomatenmark
1 EL Zucker
Fett für die Pfanne

Für die Soße:
2 EL Butter
3 EL Mehl
1 EL Zucker
2 bis 3 EL Sahne

Sud einmal aufkochen und abkühlen lassen. Fleisch einlegen und für etwa 3 Tage kühl stellen. Dabei das Fleisch jeden Tag drehen. Danach den Sud abgießen. Fleisch trocken tupfen und eventuell mit etwas Küchengarn zusammenbinden, aber nicht rollen. In heißem Fett anbraten. Wurzelgemüse in grobe Würfel schneiden. Zusammen mit dem Tomatenmark dazugeben und anbraten. Zucker zugeben, karamellisieren lassen und nach und nach mit dem Sud aufgießen. Im Backofen bei etwa 170 Grad 1,5 bis 2 Stunden köcheln lassen. Das Fleisch über Nacht in der Soße ziehen lassen. Soße abgießen und das Fleisch in Scheiben schneiden. Butter in einem Topf schmelzen, Mehl dazugeben und braune Einbrenne herstellen. Die Einbrenne muss wirklich braun sein, nicht hell. Zucker zugeben. Mit Sud aufgießen, kurz aufwallen lassen und Fleisch einlegen. Langsam warm werden lassen. Sahne dazugeben.

Manfred Mair, Rosshaupten

TIPP
Heißt eigentlich: Boeuf á la mode. Hier in Bayern wird es aber Böfflamott genannt. Das Rezept geht auch mit Wildschwein, Hirsch usw. Das Gericht lässt sich gut vorbereiten, da das Fleisch über Nacht in der Soße ziehen kann. Die Soße kann auch mit Lebkuchen oder Backpflaumen verfeinert werden. Dazu schmecken Mehlknödel.

Holledauer-Winter-Schmankerl

Für den Braten:
800 g Mufflonfleisch
(aus der Schulter)
1 TL Öl
800 ml Wildfond
400 ml dunkles Bier
400 g Wurzelgemüse
200 g Dörrzwetschgen
1/4 St Zimt
100 ml roter Frankenwein
4 Äpfel
100 g saure Sahne
Weißwein, Gewürze

Für die Käsenocken:
200 g Dinkelvollkorngrieß
2–3 Eier
100 g Rotschmierkäse
100 g Butterkäse
200 g Brezen
50 g Butter
Salz
Pfeffer
Muskat

Das Mufflonfleisch in Würfel schneiden. Im erhitzten Öl rundum kräftig anbraten. Mit Wildfond und Bier ablöschen. Das Fleisch ca. 1 Stunde schmoren lassen. Das Wurzelgemüse putzen und waschen. Die Hälfte zerkleinern und hinzufügen. Das restliche Wurzelgemüse in Julienne schneiden. In Salzwasser blanchieren. Die Dörrzwetschgen zerkleinern. Mit der Zimtstange im Rotwein weichgaren.

Den Grieß mit den Gewürzen und den Eiern vermengen, ruhen lassen. Den Käse reiben. Die Brezen in Würfel schneiden. Zusammen unter die Grießmasse heben. Aus der Masse Käsenocken abstechen. 15 Minuten dämpfen. Dann in erhitzter Butter kurz anbraten.

Die Äpfel in Scheiben schneiden, entkernen und kurz in Weißwein pochieren.

Das Mufflonragout würzen, abbinden. Dann die Wurzelgemüsestreifen unterrühren. Das Zwetschgenmus auf den Apfelscheiben verteilen. Das Ragout portionsweise mit je einem großen Klecks saurer Sahne, den Apfelscheiben und den Käsenocken servieren.

LVBM, München

Reh

Rehwild

Begriffserklärung
Rehbock: Das männliche Tier
Rehgeiß oder Ricke: Das weibliche Tier
Rehkitz: Das Jungtier

Das Rehwild ist unsere kleinste und häufigste Hirschart, die von der Meeresküste bis ins Hochgebirge in kaum einem Landschaftsstreifen fehlt. Das Rehwild ist kleiner und zierlicher als das Muffelwild. Das Haarkleid ist im Sommer rostrot und im Winter grau-braun. Die männlichen Tiere tragen einen Hauptschmuck, das sogenannte Gehörn (Geweih), die weiblichen Tiere sind schmucklos. Wie bei allen Cerviden wird das Gehörn jährlich neu gebildet, im Spätherbst von Oktober bis Dezember stoßen die Böcke ihre Geweihstangen ab. Das Gehörn ist während des Wachstums mit einer sogenannten Basthaut (Nährhaut) überzogen. Diese wird im Frühjahr gefegt, das heißt, an Büschen und Sträuchern abgeschabt. Im Frühjahr ist das Gehörn wieder in seiner vollen Pracht und der Kreislauf wiederholt sich.

In gemischten Wald-Feld-Revieren steht das Rehwild von Beginn des Sommers bis zur Ernte gern in den Getreideschlägen und hochgewachsenen Wiesen. Sind diese abgeerntet, wechseln sie in den Wald, in das Unterholz und das Dickicht. Feldrehe hingehen, die in waldarmen Gebiete leben, sind Sommer wie Winter in der weiten Feldflur. Zum Schutz bilden sie in der deckungslosen Flur größere, rudelähnliche Ansammlungen. In einem Gebiet, welches nicht der typische Lebensraum ist, zeigt sich das Rehwild als erfolgreicher Anpassungskünster.

Vom Spätherbst bis in den Frühling hinein sind Rehe verträglich und stehen gern in Sprüngen, d. h. in kleinen Familiengruppen zusammen. Es gibt zu dieser Zeit keine Trennung nach Geschlecht oder Alter. Spätestens bis April suchen erwachsene Böcke ihren festen Einstand. Dieser wird durch Duftmarken abgegrenzt und gegen andere Böcke verteidigt. Ähnlich ist es mit den Muttertieren. Diese dulden auf keinem Fall eine andere Geiß in ihrem Territorium.

Das Rehwild ist ein echter Feinschmecker. Es ernährt sich sehr gerne von Beerensträuchern, Kräutern und Pilzen. Die Früchte der Laubbäume z. B. Eicheln, Bucheckern und Kastanien, sind eine willkommene, nahrhafte und abwechslungsreiche Kost, die viel Energie beinhaltet. Der Winter ist für das Rehwild und andere Wildtiere eine echte Herausforderung. Solange die Tiere die Nahrung mit den Vorderläufen vom Schnee frei schlagen können, hat das Wild gute Überlebenschancen. Wird aber der Schnee harsch und eine

feste Eisschicht liegt über der Schneedecken, haben die Tiere große Not und nehmen daher in Notzeiten gerne die Futterstellen der Jäger an.
Die Brunft wird beim Rehwild auch Blattzeit genannt. Blattzeit deswegen, weil man mit einem Buchenblatt den Brunftlaut des weiblichen Wildes nachahmen kann. Die Blattzeit ist im Hochsommer, Ende Juli bis Mitte August und verläuft an trockenen, heißen Tagen besonders lebhaft. Zwei, manchmal eins, selten auch drei weißgetupfte Kitze kommen im Mai / Juni zur Welt. Anfänglich zieht die Geiß alleine zur Nahrungsaufnahme los.
Die Kitze werden in den ersten Wochen abgelegt, d. h. die Geiß legt die Jungtiere an einer Dickung ab. Diese bleiben dort geduckt, reglos am Boden, um vor Feinden sicher zu sein. Zum Säugen und Säubern werden die Kleinen von der Mutter kurz aufgesucht und dann wieder alleine gelassen. Weit steht das Muttertier aber nicht weg, sie kann bei Gefahr schnell eingreifen.

Jagdzeiten
Die gesetzlich geregelte Jagdzeit- und Schonzeit ist überwiegend dem Lebenszyklus der Tiere angepasst. Wann Tiere bejagt werden dürfen, ist genau festgelegt und somit ist frisches Wildbret aus heimischen Revieren nur in der jeweiligen Hauptjagdsaison zu bekommen, die von Mai bis Mitte Januar dauert.

Teile und Verwendung
Aufgrund der fehlenden Feinde ist Rehwild das am häufigsten vorkommende Wild. Sein Fleisch ist äußerst zart und wohlschmeckend. Besonders beliebt ist das Wildbret der Kitze und der einjährigen Tiere. Das ausgewachsene Rehwild wiegt zwischen 15 und 25 kg und Kitze zwischen 8 und 13 kg.

Gewichtstabelle (ca. Angaben)

Rehwild	Gesamt-gewicht*	Rücken	je Keule	je Blatt	Hals	je Rippen-bogen	je Bauch-lappen	Decke
Rehbock	16 kg	2,7 kg	2,5 kg	1,2 kg	1,3 kg	0,8 kg	0,3 kg	2,2 kg
Rehgeiß	16,5 kg	3,4 kg	2,6 kg	1,1 kg	1,0 kg	0,8 kg	0,2 kg	2,3 kg
Schmalreh	14,5 kg	2,5 kg	2,6 kg	1,1 kg	1,2 kg	0,7 kg	0,2 kg	1,8 kg
Rehkitz	8,7 kg	1,5 kg	1,5 kg	0,7 kg	0,6 kg	0,3 kg	0,1 kg	1,2 kg

* Gewogen ohne Haupt und Läufe

Lagerzeit
Lagerzeit bei einer Temperatur von minus 18 °C Celsius 12–18 Monaten

Stück	für	Garart	Garzeit
Schulter			
Schulterfleisch	Gulasch, Ragout, Braten	schmoren	lang
Keule			
Oberschale	Schnitzel, Steak, Kurzgebratenes, Roulade	kurz gebraten	kurz
Unterschale	Braten	schmoren	lang
Nuss (große Nuss)	Braten, Kurzgebratenes, Steak, Schnitzel	kurz gebraten	kurz
Hüfte Nuss (kleine Nuss)	Steak, Kurzgebratenes	kurzgebraten	sehr kurz
Läufe			
Haxen		schmoren	lang
Wade		schmoren	lang
Träger (Hals)			
Träger ausgelöst oder mit Knochen	im Ganzen	schmoren	lang
Rückenfilet			
Rücken	in Scheiben o. am Stück	kurz gebraten	sehr kurz
Filet			
Filet	in Scheiben o. am Stück	kurz gebraten	sehr kurz

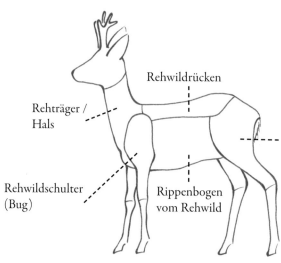

Rehwildrücken

Rehträger / Hals

Rehwildkeule (Unterschale, falsches Filet, Nuss und Oberschale) mit Haxe

Rehwildschulter (Bug)

Rippenbogen vom Rehwild

Oberschale

Als Oberschale wird in der Fleischereifachsprache die ausgelöste Skelettmuskulatur der Innenseite des Oberschenkels bezeichnet.
Die Oberschale besteht aus kurzfasrigen magerem, zarten Fleisch. Diese gilt als eines der wertvollsten Fleischstücke.

Unterschale (= Fricandeau)

Als Unterschale (auch Schwanzstück, in der Schweiz Unterspälte oder Unterstück) wird die ausgelöste Skelettmuskulatur der hinteren Außenseite des Oberschenkels bezeichnet. Das Fleisch der Unterschale ist nicht ganz so feinfasrig wie das der Oberschale und hat eine deutliche Fettauflage.

Nuss (große Nuss)

Die Nuss ist ein Teilstück der Keule und eines der fettärmsten Teilstücke. Oft oder auf Wunsch wird einem die Keule zerteilt angeboten. Die Keule besteht aus Oberschale, Unterschale, Nuss und Hüfte.

Hüfte (kleine Nuss)

Die Hüfte ist ein Teilstück der Keule und eines der fettärmsten Teilstücke. Die Garzeit der Hüfte ist sehr kurz und somit für Kurzgebratenes oder kleine Steaks bestens geeignet.

Rückenfilet (=Lende)

Das Filet ist der lange, keulenförmige Muskelstrang, der sich auf beiden Seiten der Wirbelsäule entlangzieht (der ausgelöste Rücken ohne Knochen). Das Fleisch ist besonders zart, mager und saftig. Da es einen kleinen Anteil der gesamten Muskelmasse ausmacht, ist das Rückenfilets das teuerste Stück.

Filet

Das »echte« Filet ist ein kleiner, kurzter und zarter Fleischstrang der innen zwischen Hüfte und Wirbelsäule liegt.

Träger / Hals

Aus dem Hals des Rehwildes lassen sich Suppen, Gulasch, Eintäpfe und aromatische Fonds herstellen.

Schulter

Geschmort lässt sich aus der Schulter (mit Knochen) ein saftiger Braten zaubern.

Arabische Spieße
mit Cous-Cous

Für den Teig:
1 Semmel
etwas Milch zum einweichen
500 g Wildhackfleisch
1 Ei
1 Zwiebel (gehackt)
2 Knoblauchzehen
Salz, Pfeffer
Kreuzkümmel, gemahlen
Raz el Hanout (Gewürzmischung), gemahlen
Chili
Paprikapulver
Petersilie
Nane (Minze)
Fett zum Ausbraten

Für die Beilage:
etwas Gemüse
(z. B. Brokkoli, Karotten, Sellerie, Erbsen, Lauch, Zwiebel, Zucchini, ...)
Butter zum Andünsten
1 Tasse roher Cous-Cous
Weißwein zum Ablöschen
etwas Hühnerbrühe

Für die Soße:
1 Becher saure Sahne
etwas Knoblauch
etwas Kräutersalz
evtl. Kräuter
rote Zwiebel nach Bedarf

Die Semmel in Milch einweichen. Mit den restlichen Zutaten einen Teig zubereiten. Gewürze dabei nach eigenem Geschmack zugeben. Den Teig rund um die Schaschlikspieße formen und ausbraten. Etwas Gemüse in kleine Teile bzw. Würfel schneiden. In wenig Butter andünsten. Cous-Cous dazugeben, mit etwas Weißwein ablöschen und mit Hühnerbrühe aufgießen. Für die Soße saure Sahne mit Knoblauch und Kräutersalz mischen. Eventuell Kräuter dazugeben. Aus der rohen Zwiebel feine Zwiebelringe schneiden und dazu reichen.

Manfred Mair, Rosshaupten

TIPP
Nane heißt auf türkisch Minze. Diese Minzart ist ein sehr wichtiger Bestandteil der türkischen Küche. Sie können jedes Gemüse für die Beilage verwenden.

Capriolo di salmi – italienische Art

1 kg Schulter
1 Zwiebel
2 Knoblauchzehe
1 mittelgroße Möhre
1 Stange Bleichsellerie
1/2 Bund Petersilie
3–5 Salbeiblätter (je nach Belieben)
1–3 Rosmarinzweige (je nach Belieben)
1 bis 4 Lorbeerblätter
2 Gewürznelken
1 Prise Zimt
500 ml trockener Weißwein
125 ml Weißweinessig
3 EL Olivenöl
30 g Butterfett
Salz, Pfeffer zum Würzen
Salbeiblätter zum Garnieren

Fleisch abtupfen und in 3 bis 4 cm große Würfel schneiden und in eine verschließbare Schüssel geben. Zwiebel, Knoblauch, Möhre, Sellerie und Petersilie waschen, schälen und klein schneiden. Zusammen mit den Kräutern, Gewürzen, dem Weißwein und dem Essig in der Schüssel für etwa 24 Stunden zum Marinieren ansetzen. Mehrmals umrühren. Fleisch aus der Marinade nehmen und abtropfen lassen. Marinade auffangen, Salbei, Rosmarin, Lorbeer und Nelken entfernen. Gemüse aufbewahren. Olivenöl und Butter in einer Kasserolle erhitzen, Fleisch portionsweise anbraten, ebenfalls Gemüse mit anbraten. Mit etwas Marinade aufgießen und mit Pfeffer und Salz würzen. Zugedeckt bei schwacher Hitze etwa 1 3/4 Stunden fertiggaren. Ab und zu umrühren und bei Bedarf mit Marinade aufgießen. Vor dem Servieren mit Salbei garnieren.

Anna Maria Krinner, Kaufbeuren

Geschmorte Rehschulter

Für die Beize:
1 Rehschulter (ca. 900 g)
2 Zwiebeln
1 Bund Suppengrün
10 Wacholderbeeren
4 Nelken
2 Lorbeerblätter
500 ml guter Rotwein

Für die Fertigstellung:
100 g geräucherter, durchwachsener Speck
Salz, Pfeffer nach Belieben
4 EL Öl
150 ml Wildfond (Glas)
200 ml Sahne
4 EL schwarzer Johannisbeerlikör (Crème de Cassis)
150 g Cranberries (frisch oder TK)

Die entbeinte Rehschultern rollen, mit Küchengarn zusammenbinden und in eine Schüssel geben. Zwiebeln abziehen und grob würfeln. Suppengrün putzen, abbrausen und zerteilen. Mit Zwiebeln, Wacholderbeeren, Nelken und Lorbeer zum Fleisch geben. Wein angießen, alles zugedeckt einen Tag im Kühlschrank durchziehen lassen. Den Ofen auf 200 Grad (Umluft 180 Grad) vorheizen. Speck würfeln. Das Fleisch aus der Beize nehmen und trockentupfen. Beize durchsieben, Flüssigkeit auffangen. Fleisch mit Salz und Pfeffer einreiben und im Öl rundherum anbraten. Speck, Beizgemüse und Beizgewürze zufügen und anrösten. 3/4 der Beize sowie Wildfond angießen und im Backofen 95 Minuten schmoren, dabei immer wieder mit Fond beschöpfen. Fleisch herausnehmen, warm halten. Bratenfond durch ein Sieb in einen Topf passieren. Sahne angießen und 10 Minuten einkochen lassen. Mit Likör, Salz und Pfeffer abschmecken. Frische Cranberries abbrausen, abtropfen lassen, wie TK-Ware kurz in der Soße erhitzen, aber nicht mehr kochen lassen. Die Rehschulter in Scheiben schneiden und zusammen mit der Soße anrichten.

> **TIPP:** Dazu passen Brokkoli und Klöße. Wer mag, bindet die Soße noch mit einem Stückchen eiskalter Butter. Fleisch scharf anbraten, damit sich die Poren schließen.

Marianne Mesmer, Bodolz

Reh – pikant

1 Rehrücken
Salz, Pfeffer zum Würzen
1 Knoblauchzehe
1–3 EL Öl zum Anbraten
8–12 Scheiben
Südtiroler Speck
etwas Butter zum
Einstreichen
1–2 Zwiebeln
1–2 Karotten
2 Lorbeerblätter
etwas Wacholderbeeren
Wildgewürze nach Bedarf
1 kleiner Zweig Rosmarin
500 ml Brühe
nach Bedarf
etwas Mehl zum Andicken
125 ml Rotwein
etwas Sahne zum
Abrunden
2 EL Preiselbeermarmlade

Rehrücken säubern, salzen, pfeffern und etwas mit Knoblauch einreiben. Den Rehrücken auf allen Seiten kurz anbraten. Den Bräter mit Schinken auslegen und dann den restlichen Schinken auf den Rehrücken legen. Mit etwas Butter einstreichen. Das Wurzelwerk und die Wildgewürze dazulegen und anschließend ins Rohr schieben und bei 150 Grad je nach Größe etwa 1,5 Stunden braten. Gelegentlich mit Butter bestreichen. Nach gut 10 Minuten etwas Brühe aufgießen. Wenn der Rehrücken fertig ist, gießt man das Wurzelwerk durch einen Seiher und dickt die Soße mit Mehl an. Das Fleisch von dem Rückgrat lösen und bei Bedarf wieder auf das Grat setzen, warmstellen. Den gebratenen Speck fein würfeln und zur Soße geben. Die Soße mit Rotwein, Sahne und Preiselbeermarmelade abrunden. Die Karotten klein würfeln und zur Soße geben. Alles heiß servieren.

Sabine Glogger, Durach

TIPP Den Rehrücken kann man alternativ gleich zu Beginn auslösen und anbraten. In der Bratzeit kann man Spätzle oder Blaukraut zubereiten.

Rehbraten – bürgerlich

Für 6 bis 8 Personen

1 kg Rehfleisch
(aus der Keule oder aus
der Schulter)
ca. 500 ml Buttermilch
1 Zwiebel
1 Bund Suppengrün
50 g durchwachsener Speck
Salz, Pfeffer nach Bedarf
Wildgewürz nach Bedarf
2 Lorbeerblätter
5 Wacholderbeeren
1 kleine Dose Champignons
2 TL Tomatenmark
1 Becher saure Sahne
Fett zum Anbraten

Den Rehbraten über Nacht in Buttermilch einlegen. Vor der Zubereitung mit Haushaltspapier gut abtrocknen. Das Gemüse putzen und fein schneiden, den Speck würfeln. Die Speckwürfel anbraten. Das Rehfleisch im Fett von allen Seiten anbraten. Anschließend mit Salz, Pfeffer und Wildgewürz bestreuen. Die Zwiebel zugeben, hell anrösten, dann das Suppengrün unterrühren, auch etwas anschmoren. Die Lorbeerblätter und die Wacholderbeeren zugeben. Den Deckel auflegen, die Hitze etwas zurückschalten. Den Rehbraten etwa 35 Minuten garen, dann einmal wenden und weitere 30 Minuten garen. Die Länge der Garzeit hängt von der Zartheit des Fleisches ab. Die Champignons in einem Sieb abtropfen lassen, dabei das Champignonwasser auffangen. Den Braten aus dem Topf nehmen und warmstellen. Die Pilze in die Soße geben. Das Tomatenmark mit dem Champignonwasser verrühren, dann unter die Soße rühren. Zum Schluss die saure Sahne unterziehen.

*Marianne Uhlemayr,
Probstried*

TIPP Braten mit Spätzle oder Nudeln und frischem Salat servieren. Nur Fleisch von älteren Tieren braucht man in Buttermilch einlegen. Statt sauerer Sahne kann man auch Crème fraîche verwenden.

Rehgulasch

1 kg Rehfleisch
100 g Speck
2 Zwiebeln
2 EL Mehl zum Stauben
2 Karotten
Salz, Pfeffer nach Belieben
500 ml Brühe
1–2 Lorbeerblätter
3–4 Wacholderbeeren
Thymian nach Belieben
Rahm zum Abschmecken
Rotwein zum Abschmecken
1 EL Preiselbeermarmelade
Fett zum Anbraten

Fleisch mit Speck und Zwiebeln anbraten. Mehl dazu geben und etwas bräunen lassen. Karotten, Salz und Pfeffer zugeben und mit Brühe aufgießen. Leicht köcheln lassen. Gewürze zugeben. Nach etwa 1 Stunde Fleisch herausnehmen, Soße mixen oder durchpassieren. Mit Rahm, Rotwein und Preiselbeermarmelade abschmecken. Soße kurz aufkochen, nochmals abschmecken, dann das Fleisch wieder in die Soße zurückgeben, aber nicht mehr kochen.

Cilli Glogger, Durach

TIPP Zua deam Esse derfsch a Schöpple »Rote« it vergesse! Mit Orangenscheiben oder Birnenhälften garnieren. Dazu schmecken Spätzle und Blaukraut besonders gut.

Rehrücken »Baden-Baden«

Für 4 bis 6 Personen

Für den Braten:
1 Rehrücken
Salz
weißer Pfeffer
Paprikapulver
einige Spritzer Worcestersoße
2 EL Butter zum Einreiben
100 g Butter zum Braten

Für die Soße:
10 frische Wacholderbeeren
1 TL Thymian
1 EL Tomatenmark
1 EL rotes Johannisbeergelee
2 EL Rotwein

Den Rehrücken am Mittelknochen aufschneiden, so dringen die Gewürze besser ein. Das Fleisch mit Salz, Pfeffer, Paprika, Worcestersoße und flüssiger Butter einreiben und im Backofen bei 120 Grad etwa 45 bis 60 Minuten braten. Ab und zu flüssige Butter nachgießen (bzw. überträufeln). Der Rehrücken darf nicht durchbraten, sondern sollte rosa sein. Den Bratensatz mit Wacholderbeeren und Thymian verkochen, durch ein Sieb geben und dann mit Tomatenmark, Johannisbeergelee und Rotwein versetzen.

Susanne Eggel, Wertach

TIPP Den Braten mit gefüllter Birne und Püree servieren.

Rehschlegel

pikant, gebeizt

Für 6 Personen

Für die Essig-Rotweibeize:
1,5 kg Rehschlegel
500 ml Weinessig
500 ml Rotwein
500 ml Wasser
1 Päckchen Wildgewürz

Zum Braten:
Salz, Pfeffer nach Belieben
50 g Fett
1 Zwiebel
einige Brotrinden oder
1 Soßenlebkuchen
1 Stange Lauch
2 Karotten
1/4 Sellerieknolle
1 Prise Piment
1 Prise Beifuß
1 Prise Rosmarin
1 1/2 Becher süße Sahne
2 Tassen Fleisch- oder Gemüsebrühe

Für die Soße:
2 EL Preißelbeerkompott
2 TL Tomatenmark
etwas dunklen Soßenbinder
Rotwein zum Abschmecken
etwas Balsamico-Essig
1 Prise Zucker

TIPP Das Häuten und Entbeinen braucht seine Zeit.

Für die Beize Essig, Rotwein und Wasser mit den Gewürzen aufkochen. Erkalten lassen. Den Schlegel über Nacht in die Beize legen, dabei sollte das Fleisch gut mit der Beize bedeckt sein. Das Ganze kühl stellen. Danach die Beize abseihen. Das Fleisch herausnehmen und gut abtrocknen. Rehschlegel häuten, entbeinen, salzen und pfeffern. Bratröhre auf 180 bis 200 Grad vorheizen. Fleisch von allen Seiten gut anbraten. Zwiebel vierteln und mit anschmoren. Nach Geschmack Brotrinde oder ein Stück Soßenlebkuchen beigeben. Lauch in Ringe schneiden, Karotten und Sellerie würfeln. Zerkleinertes Gemüse und Gewürze für den Braten untermischen. Mit Sahne und je zwei Tassen Beize und Brühe aufgießen und in die Röhre stellen. Bei 180 Grad je nach Größe und Alter 1 3/4 bis 2 Stunden garen. Dabei immer wieder mit dem Bratenfond aufgießen. Nach der Garzeit Fleisch aus dem Topf nehmen und warm stellen. Für die Soße Preißelbeeren und Tomatenmark verrühren und alles durchpassieren. Soße, wenn nötig, mit etwas Soßenbinder binden und mit Rotwein, Balsamicoessig, Salz und Zucker abschmecken.

Angelika Frey, Dirlewang

Rehschnitzel

mit Wacholderrahm

600 g Rehschnitzel aus der Rehkeule
400 ml Burgunderwein
2 Lorbeerblätter
2 Gewürznelken
1 Zimtstange (5 cm)
Salz, Pfeffer nach Belieben
50 g Butterschmalz
500 ml Wildfond
200 ml Rahm
1/2 TL Mehl
3 Wacholderbeeren (fein zerrieben)
20 ml Cognac

Rehkeule zu Schnitzel schneiden. 300 ml Wein mit den Lorbeerblättern, Nelken und Zimt aufwärmen aber nicht zum Kochen bringen. Zugedeckt ziehen lassen und absieben. Die Rehschnitzel beidseitig leicht mit Salz und Pfeffer würzen und in Butterschmalz anbraten. Mit den restlichen 100 ml Wein und Wildfond ablöschen. 30 Minuten bei mittlerer Hitze schmoren lassen. Rahm mit Mehl verrühren. Mit den zerriebenen Wacholderbeeren und dem gesiebten Wein mischen und in die Pfanne rühren. Auf kleiner Flamme unter ständigem Rühren mit dem Schneebesen erhitzen, aber nicht kochen. Salzen, den Cognac beigeben, eine Minute auf dem Feuer lassen. Dann Rehschnitzel mit dem Wacholderrahm servieren.

Anna Maria Krinner, Kaufbeuren

TIPP Das Rezept lässt sich auch mit Fleisch aus der Rückenscheibe zubereiten.

Überbackene Wildfleischreste

Für 4 bis 6 Personen

etwa 400 g gebratene
Wildfleischreste
40 g Mehl
40 g Butter
400 ml Brühe
1 Tasse Pilze
(Champignons)
Salz, Pfeffer
Zitronensaft
2 kleine Eier
4 Scheiben Schmelzkäse
Fett für die Förmchen

Fleisch in Würfel schneiden. Mehl in Butter hellbraun schwitzen und mit der Brühe aufgießen. Soße köcheln lassen. Pilze, Gewürze und Zitronensaft dazugeben. Eier trennen und Eiweiß zu Eischnee schlagen. Topf auf die Seite nehmen, mit dem Eigelb legieren. Steifen Eischnee unterheben. Die Masse in gefettete Ragoutförmchen füllen. Etwa 20 Minuten bei 120 Grad im Rohr backen. Käsescheiben in beliebiger Form ausstechen und daraufleaden. Nochmals kurz überbacken bis Käse schmilzt. In den Formen servieren.

Ottilie Kees, Frankenhofen

TIPP: Salate dazu reichen. Statt Schmelzkäse 60 g geriebenen Emmentaler darüber geben und statt Ragoutförmchen kann auch eine Auflaufform verwendet werden. Legieren bedeutet verquirltes Eigelb einrühren.

> Mit Spätzle, Nudeln, Kartoffelpüree oder Blaukraut servieren. Wenn Kinder mitessen, den Weinbrand weglassen. Schnell und einfach zuzubereiten.

Wildgeschnetzeltes
(Vollwert)

Für 4 bis 6 Personen

600 g geschnetzeltes Wildfleisch (z.B. Filet)
Salz, Pfeffer nach Belieben
Kräuter der Provence nach Belieben
1–3 EL Olivenöl
1 kleine Zwiebel
250 ml Brühe
1 Schuss Sahne
Cayennepfeffer nach Belieben
1–2 EL Preiselbeer-Marmelade
einige Tropfen Weinbrand

Das geschnetzelte Wildfleisch (Filet) waschen und trockentupfen. Mit Salz, Pfeffer und Kräutern der Provence würzen. Olivenöl in einer Pfanne erhitzen und das Fleisch darin scharf anbraten. Herausnehmen und warm stellen. Zwiebel fein hacken und im verbliebenen Fett glasig schwitzen. Mit der Brühe aufgießen und mit der Sahne verfeinern. Mit Salz, Pfeffer und Cayennepfeffer würzen. Mit Marmelade und Weinbrand aromatisieren. Das Fleisch wieder in die Soße zurückgeben und 5 Minuten ziehen lassen.

Sylvia Müller, Helchenried

Wildgulasch
aus dem Ofen

Für 6 Personen

500 g Champignons
2 EL Öl
1 kg Wildgulasch
Salz, schwarzer Pfeffer
nach Belieben
Wildgewürz nach Belieben
200 g Schmand
200 g Schlagsahne
200 ml Wildfond (Glas)
3–4 EL Soßenbinder

Champignons putzen, eventuell waschen und in Scheiben schneiden. Öl in der Pfanne erhitzen. Fleisch in 2 Portionen darin etwa jeweils 4 Minuten kräftig anbraten. Mit Salz und Pfeffer würzen. Wildgewürz zugeben. Fleisch herausnehmen und in eine große Auflaufform geben. Pilze im Bratöl kurz anbraten und zum Fleisch in die Auflaufform geben. Schmand, Sahne und Wildfond ins Bratöl geben und aufkochen. Mit Soßenbinder binden und mit Salz und Pfeffer würzen. Soße über das Fleisch und die Pilze verteilen. Im vorgeheizten Backofen (E-Herd 200 Grad, Umluft 175 Grad, Gas Stufe 3) etwa 1,5 Stunden backen.

Marianne Mesmer, Bodolz

TIPP
Dazu schmecken Salzkartoffeln und Rosenkohl. Wer will, kann die Soße auch mit Preiselbeeren abschmecken und dazu Spätzle oder Semmelknödel reichen.

Wildschwein

Das Wildschwein

Begriffserklärung:
Keiler: das männliche Tier
Bache: das weibliche Tier
Überläufer: Tiere im 2. Lebensjahr
Frischling: Jungtier im 1. Lebensjahr

Das Schwarzwild sieht nicht nur vom Haarkleid anders aus, sondern auch seine Form weicht von unserem Hausschwein ab. Im Sommer sieht Schwarzwild grau, fast silbrig und wie geschoren aus. Die Winterschwarte (Winterfell) dagegen ist dunkelgrau bis schwärzlich. Im Frühjahr und Herbst vollzieht sich der Haarwechsel.
Das Wildschwein ist in vielen Ländern Europas, Asiens und Nordafrikas vertreten. In Nordskandinavien und England ist es in freier Wildbahn nicht zu finden. In großen geschlossenen Laub- und Mischwaldgebieten fühlt sich der Schwarzkittel richtig wohl. Wildschweine leben in Rotten und sind äußerst gesellige Tiere. Ältere Keiler ziehen außerhalb der Rauschzeit gerne alleine durch die Wälder und sondern sich ab. Wo sich eine Rotte aufhält, ist es nicht gerade ruhig. Frischlinge quieken und Bachen grunzen behaglich vor sich hin, um die Frischlinge beieinander zu halten. Die Sinne des Wildschweines sind, bis auf die Augen, ausgesprochen gut. Sie sehen im Verhältnis zu anderen Wildarten äußerst schlecht. Der Geruchssinn hingegen ist bis zu 500 Mal besser als der eines Hundes und sie können zudem noch blitzschnell rennen.
Seine Nahrungsgrundlage ist die Baummast wie Eicheln, Bucheckern und Kastanien. Auch frisches Gras, Klee, Wurzel, Pilze und im Boden lebende Kleintiere wie Insekten, Würmer und Mäuse gehören zu ihrem Speiseplan. Auch Vogelgelege und Jungtiere wie Hasen, Rehkitze und Küken werden vom Allesfresser verspeist.
Der Schwarzwildbestand hat sich im Vergleich zur Zeit vor dem Krieg, als es fast keine mehr gab, erheblich gesteigert. Von Jahr zu Jahr vermehren sich die Wildtiere. Zwischen Februar und Juni bringt eine Bache durchschnittlich drei bis acht Frischlinge zur Welt, das bedeutet einen jährlichen Zuwachs und bei Nichtbejagung eine explosionsartige Vermehrung. Die heutige Landwirtschaft mit dem vermehrten Maisanbau ist im wahrsten Sinne des Wortes ein gefundenes Fressen für die Wildschweine und trägt erheblich zur starken Vermehrung bei.

Jagdzeiten

Die gesetzlich geregelte Jagdzeit- und Schonzeit ist überwiegend dem Lebenszyklus der Tiere angepasst. Wann Tiere bejagt werden dürfen, ist genau festgelegt und somit ist frisches Wildbret aus heimischen Revieren nur in der jeweiligen Hauptjagdsaison zu bekommen, die von Mitte Juni bis Ende Januar dauert.

Teile und Verwendung

Durch die veränderte Landschaft ist das Wildschwein sehr weit verbreitet und eine ständige Vermehrung nicht aufzuhalten. Das Fleisch des Wildschweines wird sehr geschätzt. Das Fleisch der Schwarzkittel wird als kernig und würzig wird bezeichnet. Ausgewachsene Wildschweine haben ein Gewicht zwischen 40 kg und 280 kg. Frischlinge bringen ca. 10 bis 50 kg auf die Waage.

Nährwerte

Wildtier	Energie kcal	Hauptnährstoffe		Mineralstoffe		Vitamin
		Eiweiß	Fett	Phosphor	Eisen	B2
Wildschwein	118	19,5 g	3,4 g	120 mg	-	0,10 mg

bezogen auf 100 g Wildfleisch (Quellen: AID nach Sousi, Fachmann, Kraut: Die Zusammensetzung der Lebensmittel, Nährwerttabellen, Stuttgart 2000.

Lagerzeit

Lagerzeit bei einer Temperatur von -18 °C 6–10 Monaten

Stück	für	Garart	Garzeit
Schulter			
Schulterfleisch	Gulasch, Ragout, Braten	schmoren	lang
Keule			
Oberschale	Schnitzel, Steak, Kurzgebratenes, Roulade	kurz gebraten	kurz
Unterschale	Braten	schmoren	lang
Nuss (große Nuss)	Braten, Kurzgebratenes, Steak, Schnitzel	kurz gebraten	kurz
Hüfte Nuss (kleine Nuss)	Steak, Kurzgebratenes	kurzgebraten	sehr kurz
Läufe			
Haxen		schmoren	lang
Wade		schmoren	lang
Träger (Hals)			
Träger ausgelöst oder mit Knochen	im Ganzen	schmoren	lang
Rückenfilet			
Rücken	in Scheiben o. am Stück	kurz gebraten	sehr kurz
Filet			
Filet	in Scheiben o. am Stück	kurz gebraten	sehr kurz

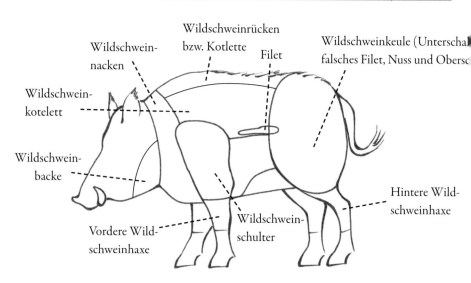

Oberschale
Als Oberschale wird in der Fleischereifachsprache die ausgelöste Skelettmuskulatur der Innenseite des Oberschenkels bezeichnet.
Die Oberschale besteht aus kurzfasrigem, magerem, zartem Fleisch. Diese gilt als eines der wertvollsten Fleischstücke.

Unterschale (= Fricandeau)
Als Unterschale (auch Schwanzstück, in der Schweiz Unterspälte oder Unterstück) wird die ausgelöste Skelettmuskulatur der hinteren Außenseite des Oberschenkels bezeichnet. Das Fleisch der Unterschale ist nicht ganz so feinfasrig wie das der Oberschale und hat eine deutliche Fettauflage.

Nuss (große Nuss)
Die Nuss ist ein Teilstück der Keule und eines der fettärmsten Teilstücke. Oft oder auf Wunsch wird einem die Keule zerteilt angeboten. Die Keule besteht aus Oberschale, Unterschale, Nuss und Hüfte.

Hüfte (kleine Nuss)
Die Hüfte ist ein Teilstück der Keule und eines der fettärmsten Teilstücke. Die Garzeit der Hüfte ist sehr kurz und somit für Kurzgebratenes oder kleine Steaks bestens geeignet.

Rückenfilet (=Lende)
Das Filet ist der lange, keulenförmige Muskelstrang, der sich auf beiden Seiten der Wirbelsäule entlangzieht (der ausgelöste Rücken ohne Knochen). Das Fleisch ist besonders zart, mager und saftig. Da es einen kleinen Anteil der gesamten Muskelmasse ausmacht, ist das Rückenfilets das teuerste Stück.

Filet
Das »echte« Filet ist ein kleiner, kurzter und zarter Fleischstrang der innen zwischen Hüfte und Wirbelsäule liegt.

Träger / Hals
Aus dem Hals des Schwarzwildes lassen sich Suppen, Gulasch, Eintöpfe und aromatische Fonds herstellen.

Schulter
Geschmort lässt sich aus der Schulter (mit Knochen) ein saftiger Braten zaubern.

Feurige Wildschweinrippchen

3 kg Wildschweinrippchen
Salz, Pfeffer nach Bedarf
2 EL geschrotete Pfefferkörner
2 EL geriebene Zitronenschale
2 EL Majoran
4 Knoblauchzehen
1 Tasse Olivenöl
1 Tasse Pusztasoße
2 Zwiebeln
1/2 Tasse Honig
Essig zum Abschmecken
4 EL Meerrettich (aus dem Glas)
evtl. Pfeffersoße
1 Tasse gehackte Kräuter (z.B. Petersilie, Thymian, Majoran)

Die Rippchen waschen und trockentupfen. Mit Salz und Pfeffer kräftig würzen. Pfefferkörner, Zitronenschale, Majoran und fein gehackte Knoblauchzehen in das Öl einrühren und die Rippchen damit bestreichen. Im Kühlschrank zugedeckt 2 Stunden ziehen lassen. Die Wildschweinrippchen in den auf 200 Grad vorgeheizten Ofen geben und 20 bis 30 Minuten je nach Stärke garen. In der Zwischenzeit die Pusztasoße mit den geschälten und fein gehackten Zwiebeln und dem Honig glatt rühren. Mit Essig, Meerrettich, Salz und Pfeffer abschmecken. Je nach Geschmack mit Pfeffersoße nochmals schärfen. Die gehackten Kräuter untermischen und die Soße nach Ende der Garzeit gleichmäßig über die Wildschweinrippchen verteilen. Weitere 5 bis 10 Minuten garen. Herausnehmen, die Rippchen in Stücke schneiden und servieren.

Anna Maria Krinner, Kaufbeuren

TIPP: Als Beilage Spätzle und Rosenkohl oder Kartoffelknödel und Blaukraut reichen.

Schmorbraten vom Wildschwein

Für die Beize:
500 ml Buttermilch
6 Wacholderbeeren
1 Lorbeerblatt
3 Pfefferkörner
2 Pimentkörner
Saft einer Zitrone
125 ml Rotwein
1 kg Wildschweinfleisch aus der Keule

Weitere Zutaten:
Salz, Pfeffer nach Belieben
40 g Schweineschmalz
250 ml Brühe
250 ml Rotwein
25 g Butter
25 g Mehl
2 EL Johannisbeergelee
1 EL Zitronensaft
100 saure Sahne

Die Zutaten für die Beize verrühren und das gewaschene, trockengetupfte Fleisch darin 24 Stunden einlegen und abdecken. Fleisch aus der Beize nehmen, trockentupfen und mit Salz und Pfeffer einreiben. Schweineschmalz erhitzen und Fleisch 10 Minuten rundherum anbraten. Mit Brühe und Rotwein angießen, zudecken und bei mäßiger Hitze 1 Stunde schmoren. Fleisch aus dem Topf nehmen und warm stellen. Bratensaft durchseihen. Wenn nötig mit Brühe und Rotwein auf 500 ml auffüllen. Butter in einem Topf schmelzen. Mehl einrühren und anbräunen. Mit dem Bratensaft ablöschen. 5 Minuten kochen lassen und umrühren. Johannisbeergelee, Zitronensaft und saure Sahne unterrühren. Mit Salz und Pfeffer abschmecken.

Christa Leutherer, Obergünzburg

Wildschwein *in Nussoße*

etwas Rosmarin
etwas Salbei
etwas Oregano
1 kg Wildschweinschulter
1 EL Olivenöl
2 Zwiebeln
1 Bund Wurzelwerk
2 Knoblauchzehen
200 ml Rotwein
200 ml Brühe
6 EL Pinienkerne
6 EL Korinthen
Grappa oder Klarer nach Bedarf
Pfeffer nach Bedarf
Hagelsalz nach Bedarf
1 EL Kakaopulver
Zitronat nach Bedarf
4 EL gehackte Haselnüsse

Aus den Gewürzen eine Mischung herstellen, das Fleisch damit einreiben. In heißem Olivenöl den Schulterbraten scharf anbraten. Wenn der Braten rundherum gut angebraten ist, herausnehmen und warmstellen. Zwiebeln groß und Wurzelwerk klein schneiden. Zwiebeln, Knoblauch und Wurzelwerk in den Topf geben und anbraten. Wildschwein auf das angebratene Gemüse geben und mit Wein und Brühe angießen. Bei 180 Grad in der Röhre 1 bis 1,5 Stunden zugedeckt schmoren. In der Zwischenzeit die Pinienkerne trocken in einer Pfanne anrösten. Die Korinthen in Alkohol einlegen. Den Schmortopf aus der Röhre nehmen und das gare Fleisch herausnehmen. Den Fond durchschlagen und die aufgefangene Soße mit Pfeffer, Salz und Kakaopulver abschmecken. Zitronat, Korinthen und etwas Alkohol zugeben. Etwas einköcheln lassen. Nüsse zugeben und etwas ziehen lassen. Das Fleisch aufschneiden und mit der Soße servieren.

Anna Maria Krinner, Kaufbeuren

TIPP
Als Beilagen passen z.B. Polenta, Kartoffelklöße, Baguette oder ein Feldsalat mit einer Marinade aus Walnussöl und Balsamico bianco. Das Fleisch am besten in einem Gusseisentopf schmoren.

Wildschwein
mit Rotweinbirne

1 TL Wacholderbeeren
1,8 bis 2 kg Wildschwein-
keule (mit Knochen)
Salz, Pfeffer nach Belieben
1 EL Öl
100 g geräuchertes
Wammerl, roh
3 Lorbeerblätter
500 ml Rotwein
250 ml Brühe
1 Zwiebel
1 Bund Wurzelwerk
1 EL Zucker
8 halbe Birnen
(aus der Dose)
100 g Crème fraîche

Die Wacholderbeeren zerstoßen. Die Keule waschen. Mit Salz, Pfeffer und Wacholder einreiben. Das Öl in einem Bräter erhitzen. Keule darin anbraten. Mit Wammerl belegen. Lorbeerblätter, 250 ml Wein und Brühe zufügen. Im vorgeheizten Ofen bei 175 Grad 1 3/4 bis 2 Stunden schmoren lassen. Die Zwiebel und das Wurzelwerk schälen, bei Bedarf putzen, waschen und klein schneiden. Alles etwa 45 Minuten vor Ende der Garzeit zum Fleisch geben. Für die Rotweinbirnen 125 ml Wein, 250 ml Wasser und Zucker im hohen Topf aufkochen. Birnen schälen und darin etwa 10 Minuten garen. Die Keule herausnehmen. Bratenfond mit restlichem Wein und 125 ml Birnensud auffüllen und aufkochen. Crème fraîche einrühren und abschmecken.

Anna Maria Krinner, Kaufbeuren

Wildschweinbraten

1 kg Wildschwein
Salz, Pfeffer nach Bedarf
100 g Butter
1 Zwiebel
Wurzelwerk nach Bedarf
1 Zitronenscheibe
2 Wacholderbeeren
500 ml Flüssigkeit
1/2 Glas Rotwein
1–2 EL Preiselbeeren
etwas Mehl zum Binden
125 ml Sauerrahm

Fleisch mit Salz und Pfeffer würzen. Im heißen Fett mit Zwiebel und zerkleinertem Wurzelwerk anbraten. Gewürze zugeben. Bräter in den Backofen schieben und bei 180 Grad 1,5 bis 2 Stunden braten. Öfter mit Bratensaft und Flüssigkeit begießen. Ist der Braten gar, Rotwein und Preiselbeeren dazugeben. Alles kurz aufkochen. Soße mit Mehl und Sauerrahm binden. Mit Rotwein abschmecken und die Soße abseihen.

Helena Ziegler, Honsolgen

 Knödel, Spätzle, Preißelbeersoße, Blaukraut und noch mehr, passt so gut zum Wildgericht, das ist Klasse, ein Gedicht.

Wildschweingulasch
aus der Schulter

750 g Fleisch z.B. Bug (Schulter)
80 g durchwachsener Speck
2 EL Öl
3 Zwiebeln
Salz, Pfeffer nach Belieben
1 EL Paprikapulver
1 Döschen Tomatenmark (70 g)
etwa 250 ml Wasser
1 Schuss Rotwein
2 TL Mehl
125 ml saure Sahne
evtl. 1 EL säuerliche Marmelade

Das ausgelöste Fleisch häuten und in Stückchen schneiden. Der würfelig geschnittene Speck wird im heißen Öl ausgebraten. Die kleingeschnittenen Zwiebeln hellgelb in diesem Fett anrösten. Das Fleisch dazugeben und in mehreren Portionen kurz anbraten. Salz, Pfeffer und Paprikapulver darüber streuen. Das Tomatenmark dazugeben und mit einem Teil des Wassers aufgießen. Das Gulasch in etwa 60 Minuten weichkochen. Nach Bedarf während der Garzeit Wasser und Rotwein dazu gießen. Das Mehl mit der Sahne glattrühren und damit die Soße binden. Die Marmelade bei Bedarf zum Wildgulasch geben.

Christine Redler, Bolsterlang

TIPP Dazu passen Semmelknödel oder Spätzle und gemischter Salat. Als säuerliche Marmeladen eignen sich zum Beispiel Preiselbeer- oder Johannisbeermarmelade.

Wildschweinmedaillons

mit Preiselbeeren

8 Wildschweinmedaillons
á ca. 50 g
Marinade nach Wahl
1 EL Öl
Salz, Pfeffer nach Bedarf
Preiselbeeren nach Bedarf

Das Fleisch trockentupfen, mit Küchengarn in Form binden und marinieren. Im heißen Öl pro Seite etwa 3 bis 4 Minuten braten. Mit Salz und Pfeffer würzen. Die Medaillons mit Preiselbeeren anrichten.

Anna Maria Krinner, Kaufbeuren

TIPP Dazu passen grüne Bohnen und Salzkartoffeln. Das Rezept lässt sich zum Beispiel auch mit Hirsch-Medaillons zubereiten.

Wildschweinragout an Jägersoße

750 g Wildschweinbraten (Bauch)
Pfeffer, Salz
Marinade
1 EL Olivenöl
1 rote Zwiebel
1 Karotte
1 Selleriestange
Rosmarin
Salbei
250 ml Rotwein
2 Tomaten
Salz nach Bedarf

Fleisch über Nacht marinieren. Am Tag darauf das Fleisch abtropfen lassen und grob würfeln. Das Fleisch im Topf in etwas Olivenöl anbraten. Zwiebel, gelbe Rübe, Sellerie, Rosmarin und Salbei klein hacken und mitdünsten. Mit dem Rotwein ablöschen und diesen kurz einkochen lassen. Tomaten mit dem Fleisch eine Stunde schmoren lassen. Dann salzen und bei Bedarf noch etwas heiße Brühe zugießen. Das Ganze eine weitere Stunde schmoren lassen.

Anna Maria Krinner, Kaufbeuren

Wildschweinrücken

in Traubensoße

2,5 kg Wildschweinrücken, küchenfertig
Salz, Pfeffer nach Belieben
1 EL Salbei
1 EL zerstoßene Wacholderbeeren
1 EL Öl
1 Zwiebel
2 Karotten
1 Stück Sellerie
500 ml Rotwein
500 ml Wildfont
3 EL Obstessig
2 EL Traubenkonfitüre
Cayennepfeffer zum Abschmecken
Zimt zum Abschmecken
250 g kernlose blaue Trauben
200 ml Sahne
evtl. etwas Soßenbinder
Orangenscheiben für die Deko
Preiselbeeren für die Deko

Fleisch mit Salz, Pfeffer, Salbei und Wacholder würzen. Etwa 15 Minuten einziehen lassen. Backofen auf 200 Grad vorheizen. Das Öl in einem Bräter erhitzen und Fleisch anbraten. Im Ofen 20 Minuten schmoren lassen. Inzwischen Zwiebel, Karotten und Sellerie in feine Würfel schneiden. Zum Fleisch geben und weitere 20 Minuten garen. Immer wieder mit etwas von dem Rotwein übergießen. Fertigen Braten aus der Soße nehmen und warm stellen. Restlichen Wein und Wildfond angießen, aufkochen, pürieren. Obstessig und Traubenkonfitüre einrühren. Mit Salz, Pfeffer, Cayennepfeffer und Zimtpulver abschmecken. Trauben und Sahne in die Soße geben, kurz aufkochen und eventuell mit Soßenbinder andicken. Mit Orangenscheiben und Preiselbeeren garnieren.

Anna Maria Krinner, Kaubeuren

TIPP Möglichst Frischlingsrücken verwenden. Als Beilagen eignen sich z.B. Schupfnudeln und Speckrosenkohl.

Wildschweinrücken

mit Trockenpflaumen

2,5 kg küchenfertiger Wildschweinrücken
Salz, Pfeffer nach Belieben
Salbei nach Belieben
einige zerstoßene Wacholderbeeren
etwas Öl
1 Zwiebel
2 Karotten
1 Stück Lauch
250 ml Weißwein
250 ml Wildfond
2 EL Orangenmarmelade
1–3 EL Obstessig
1 Prise Cayennepfeffer
1 Prise Zimtzucker
1/2 Becher Sahne
50 g Walnusskerne
4 Pflaumen (getrocknet)
1 EL Zucker
200 ml Orangensaft
1 Peperoni

Den Wildschweinrücken waschen und mit den Gewürzen einreiben. 1 EL Öl in einem Bräter erhitzen und den Wildschweinrücken darin anbraten. Das Gemüse in Würfel schneiden, zum Fleisch geben und kurz mitbraten. Mit Weißwein und Wildfond auffüllen. Den Bräter verschließen und das Fleisch bei 200 Grad bei Ober-/Unterhitze im vorgeheizten Backofen 80 bis 90 Minuten schmoren lassen. Rücken herausnehmen und vom Knochen lösen. Die Soße nochmals aufkochen und mit Orangenmarmelade, etwas Obstessig, Cayennepfeffer, Zimtzucker, Salz und Pfeffer abschmecken. Die Sahne einrühren, nochmals aufkochen lassen und Walnusskerne dazugeben. Die Trockenpflaumen halbieren. Einige Pflaumen für die Dekoration beiseite legen. Öl in einer Pfanne erhitzen und den Zucker darin karamellisieren lassen. Den Orangensaft angießen und den Zuckerkaramell los kochen. Die klein geschnittene Peperoni und den restlichen Obstessig einrühren. Die Pflaumen dazugeben und kurz dünsten. Den Wildschweinrücken in Scheiben schneiden, mit Trockenpflaumen und Soße dekorieren und servieren.

Anna Maria Krinner, Kaufbeuren

> **TIPP**
> Statt Orangenmarmelade kann auch Zitronensaft und statt Trockenpflaumen auch Feigen verwendet werden.

Wildschweinschulter
in Gemüsebrühe

800 g Wildschweinschulter
Salz nach Belieben
1 Lorbeerblatt
2 Gewürznelken
1/2 TL Kümmel
1 Zwiebel
2 Karotten
1 Petersilienwurzel
250 g Knollensellerie
3 EL Weißweinessig
1 Birne
etwas Meerrettich

Wildschweinschulter salzen und mit Garn binden. Gewürze mit Wasser aufkochen und Fleisch darin 1,5 Stunden leicht köcheln lassen. 30 Minuten vor Garende Gemüse putzen, klein schneiden und mit dem Essig dazugeben. In den letzten 15 Minuten die Birnenstücke dazugeben. Das Fleisch in Scheiben schneiden und mit dem Gemüse und dem geriebenen Meerrettich anrichten.

Manfred Mair, Rosshaupten

TIPP: Wenn Reste bleiben, kann es auch als Sülze verwendet werden. Dazu Fleisch und Gemüse in kleine Würfel schneiden und alles in eine Sülzenform schichten. Aus der Brühe, Sülzenpulver und etwas Essig einen Sud herstellen. Darüber gießen und eine Nacht kühl stellen. Dazu Bratkartoffeln reichen. Eignet sich zum Beispiel als Vorspeise.

TIPP: Dazu gibt es Schupfnudeln und Rotkraut. Vor dem Anbraten kann man das Fleisch noch würzen. Die Soße kann man mit etwas mehr Wein zubereiten und zusätzlich noch mit Balsamico abschmecken.

Wildschweinsteaks

in Rotweinsoße

500 g Wildschweinsteaks
1 große Zwiebel
2 Lorbeerblätter
1 TL Wacholderbeeren
einige Pimentkörner
Salz, Pfeffer nach Belieben
200 ml Rotwein
3 Stück Milchschokolade
120 g Steinpilze
Öl und Butter zum Braten

In einer Pfanne etwas Öl erhitzen. Die Wildschweinsteaks darin beidseitig braten. Danach in Alufolie wickeln und warm stellen. (Zum Beispiel im Backrohr bei 220 Grad für etwa 10 Minuten oder bei 80 Grad etwa 1 Stunde.) Die feingeschnittene Zwiebel im Bratensatz anschwitzen. Mit Lorbeer, Wacholder, Piment, Salz und Pfeffer würzen. Mit Rotwein immer wieder soviel löschen, dass nicht allzuviel Flüssigkeit in der Pfanne ist. Wein stets einkochen lassen. Zum Schluss die Schokolade dazugeben. Die Steinpilze in Scheiben schneiden. In einer Pfanne etwas Butter erhitzen und die Steinpilze kurz anbraten. Wildschweinfleisch mit der Soße auf den Tellern anrichten und erst jetzt die Steinpilze über die Soße streuen.

Christine Lederle, Unterthingau

Wildschweinleber »Hartinkov«

TIPP: Als Beilage passt Kartoffelpüree mit gemischtem Salat. Je nach Alter des Wildschweins kann die Leber etwas bitter sein. Hirsch- und Rehaufbruch können genauso zubereitet werden. Aufbruch gibt es nur von einem Jäger.

600 g Wildschweinleber
200 g Wildschweinherz
200 g Wildschweinnieren
4 EL Butterschmalz
Salz nach Belieben
etwas Pfeffer aus der Mühle
1 Zwiebel
1 EL Tomatenmark
2–3 EL Mehl
750 ml Rotwein (mild)
2–3 EL Johannisbeergelee
2–3 EL Weinessig
1 EL Paprikapulver, edelsüß
1 EL Thymian
1 EL Majoran
1 TL Salz
1 Knoblauchzehe
1 Becher Sauerrahm
1 Bund Schnittlauch
2 EL Johannisbeeren

Die Wildschweinleber unter fließendem Wasser abwaschen und trockentupfen, enthäuten und dünne Streifen schneiden.
Das Wildschweinherz halbieren, die Sehnen herausschneiden, unter fließendem Wasser abwaschen, trockentupfen und ebenfalls in dünne Scheiben schneiden. Die Wildschweinnieren häuten, halbieren und in kochendem Wasser kurz blanchieren, herausnehmen und in Streifen schneiden. Butterschmalz in einer Pfanne erhitzen. Nacheinander Leber, Herz und Nieren darin braten, salzen und pfeffern, herausnehmen und warmstellen. Eine feingehackte Zwiebel im verbliebenen Bratfett glasig schwitzen. Tomatenmark unterrühren und das Fleisch dazugeben. Das Ganze mit Mehl bestäuben und mit Rotwein auffüllen. Das Johannisbeergelee, den Weinessig, das Paprikapulver, den Thymian, den Majoran und die mit Salz zerriebene Knoblauchzehe dazugeben und zusammen aufkochen. Bei mäßiger Hitze 5 bis 8 Minuten köcheln lassen.
Anschließend den Sauerrahm unterziehen und nochmals kräftig abschmecken. Mit frisch geschnittenem Schnittlauch bestreuen und mit Johannisbeeren garniert servieren.

Christine Fillenböck, Pfronten

Fasan

Der Fasan

Begriffserklärung
Gockel / Fasanenhahn: das männliche Tier
Fasanenhenne: Das weibliche Tier
Küken: Die Jungtiere

Mit einem langen Stoß (Federschwanz) ist der Fasan mit seiner langgestreckten Figur sehr auffallend. Der Hahn hat zudem ein buntschillernde Gefieder und schmückt sich mit sehr großen »Rosen« und einem weißen Halsring. Die Henne ist hingegen in ihrem Kleid wesentlich schlichter und im Grundton braun mit dunklen Flechen und Tupfen. Der Hahn.

Fasane wurden schon zur Römerzeit aus Asien nach Europa transportiert und dort ausgesetzt. Was seinen Lebensraum angeht, bevorzugt der Fasan Remisen, Hecken, Feldgehölzen und Wiesen. Die vier „W" sind für den Fasan lebenswichtig, damit sind das Wasser, der Wald, die Wiesen und der Weizen gemeint. Der Fasan ist bei 400 m Höhenlage in Auwäldern und gemischten Feld-Wald-Revieren mit buschigen Waldrändern zu finden. Sie leben polygam, d. h. im Territorium eines Hahnes leben mehrere Hennen. Der Hahn wacht mit all seinen Sinnen über seine Familie, bei Gefahr durch angreifende Feinde warnt er durch laute Warnrufe.

Als Hühnervogel mit kräftigem Schnabel nimmt der Fasan eine Vielfalt von vorwiegend pflanzlicher Nahrung auf. Auf dem Speisezettel (je nach Jahreszeit) sind Getreide, Eicheln, Mais, Unkrautsämereien, Gräser, Insekten und andere Kleintiere zu finden. Durch die veränderte Landwirtschaft ist der Fasan nur noch in Gebieten zu finden, in denen sich die großflächigen Monokulturen noch nicht ausgebreitet haben. Dort, wo der Fasan sich wohl fühlt und sich vermehrt, legt eine Henne im Schnitt 10 bis 12 graugrüne Eier, die in 24 Tagen ausgebrütet werden.

Jagdzeiten
Die gesetzlich geregelte Jagdzeit- und Schonzeit ist überwiegend dem Lebenszyklus der Tiere angepasst. Wann Tiere bejagt werden dürfen, ist genau festgelegt und somit ist frisches Wildbret aus heimischen Revieren nur in der jeweiligen Hauptjagdsaison zu bekommen, die von Oktober bis Dezember dauert.

Teile und Verwendung

Im Handel ist der Fasan das am häufigsten angebotene Wildgeflügel. Junge Tiere sind vor allem wegen des zarten Fleisches sehr beliebt und aus der Gourmetküche nicht wegzudenken. Das Gewicht eines Hahnes liegt zwischen 0,5 und 1,5 kg, wobei die Hennen und Jungtiere leichter sind als die ausgewachsene Hähne.

Lagerzeit

Lagerzeit bei einer Temperatur von -18 °C 4–6 Monaten

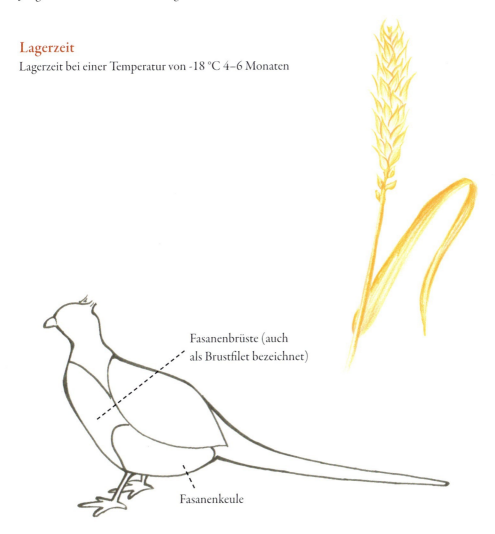

Bandnudeln

mit Fasanenbruststreifen

500 g breite Bandnudeln
1 TL Öl
2 Fasanenbrüste
300 g Pfifferlinge
300 g Steinpilze
2 Zwiebeln
2 Knoblauchzehen
frischer Thymian nach Belieben
frischer Rosmarin nach Belieben
10 EL Olivenöl
4 cl Weinbrand
400 ml Sahne
Salz, Pfeffer nach Bedarf
100 ml Crème fraîche
Kerbel zum Garnieren
etwas geriebener Bergkäse

Bandnudeln in Salzwasser mit Olivenöl nach Packungsanweisung kochen, anschließend abgießen und abschrecken. Inzwischen die Fasanenbrüste waschen und trocken tupfen. Die Pfifferlinge und die Steinpilze putzen, kurz waschen, abtrocknen und je nach Größe vierteln oder halbieren. Zwiebeln und Knoblauchzehen schälen und würfeln. Thymian und Rosmarin waschen und fein hacken. In einem breiten Topf 6 EL Olivenöl erhitzen, die Zwiebel- und Knoblauchstücke darin andünsten. Die Pilze und die frischen Kräuter zugeben, etwa 2 bis 3 Minuten ausschwenken. Mit Weinbrand ablöschen und flambieren. Die Sahne auffüllen, mit Salz und Pfeffer pikant abschmecken und 5 Minuten köcheln lassen. Den Topf vom Herd nehmen und die Crème fraîche einrühren. In einer Pfanne 4 EL Olivenöl erhitzen. Die Fasanenbrüste salzen und pfeffern, zuerst mit der Fleischseite in die Pfanne legen und eine Minute braten. Fleisch wenden und weitere 2 bis 3 Minuten braten. Die Nudeln auf 4 Tellern anrichten und mit der Soße übergießen. Fasanenbrüste in Scheiben schneiden und über die Soße verteilen. Mit Kerbel und geriebenem Bergkäse garnieren und servieren.

Herbert Wirths, Fischach

Suppe vom Fasan

1 Fasan
Suppengemüse (Sellerie, Gelbe Rüben, Zwiebel, Lauch) nach Belieben
50 g durchwachsener Speck
1 Zwiebel
1 Knoblauchzehe
2 EL Butter
3 mittelgroße Kartoffeln
2 Gelbe Rüben
Salz, Pfeffer
1 Becher Sahne
Petersilie zum Anrichten

Den Fasan mit 1 l Wasser und dem Suppengemüse im Dampfdrucktopf 35 bis 40 Minuten garen. Das Fleisch in feine Streifen schneiden, die Wildbrühe durch ein Sieb gießen und auffangen. Speck klein würfeln, Zwiebel und Knoblauchzehe schälen und ebenfalls klein schneiden. Alles in Butter andünsten und die geschälten, gewürfelten Kartoffel und Gelbe Rüben dazugeben, mit der Wildbrühe aufgießen. Garzeit je nach Größe der Gemüsewürfel etwa 5 Minuten. Das Fasanenfleisch in der Suppe erwärmen, mit Salz und Pfeffer abschmecken, Sahne halbsteif schlagen und zusammen mit der gehackten Petersilie anrichten.

Anna Maria Krinner, Kaufbeuren

TIPP Das Fleisch von Fasanen ist relativ langfaserig und während das Fleisch von jungen Tieren zart und wohlschmeckend ist, sollte der »alte Fasan« eher zu einer Suppe oder Hackfleisch verarbeitet werden.

Rebhuhn

Das Rebhuhn

Begriffserklärung
Hahn: Das männliche Tier
Henne: Das weibliche Tier
Küken: Die Jungtiere

Hahn und Henne sind sehr ähnlich gefärbt, nämlich rotfarbener Kopf, grauer Hals und graue Unterseite. Die oberen rostbraunen Flügeldeckfedern der Henne sind quergebändert und die des Hahnes mit weißen Längsstrichen geschmückt. Betrachtet man den Rebhahn genau, kann man die kleinen, auffällig rotleuchtenden Rosen erkennen.
Das Rebhuhn ist ein typisches Feldhuhn. Es meidet den Wald und verbringt die Nacht in Deckung am Boden, dicht zusammengedrängt im Familienverband. Das Nahrungsspektrum reicht von Grasspitzen, Unkrautsämereien, Insekten, Würmern und Getreidekörnern.
Rebhühner leben im Winter in sogenannten Ketten (Familienverbunde). Sobald das Frühjahr naht und der Schnee schwindet, löst sich der Verbund auf und die Hähne beginnen zu balzen, um sich eine Henne und ein eigenes Brutrevier zu erobern. Die Henne legt 10 bis 15 Eier, die nach einer Brutzeit von 24 Tagen geschlüpften Küken verlassen gleich ihr Nest (Nestflüchter).

Jagdzeiten
Die gesetzlich geregelte Jagdzeit- und Schonzeit ist überwiegend dem Lebenszyklus der Tiere angepasst. Wann Tiere bejagt werden dürfen, ist genau festgelegt und somit ist frisches Wildbret aus heimischen Revieren nur in der jeweiligen Hauptjagdsaison zu bekommen, die von September bis Oktober dauert.

Teile und Verwendung
Das Fleisch des Rebhuhnes ist besonders zart, aromatisch und in vielen Küchen sehr geschätzt. Das Federwild erreicht ein Gewicht von 300 bis 450 g und wird in der Regel als Ganzes zubereitet. Gegrillt, gebraten oder geschmort eine echte Delikatesse.

Lagerzeit
Lagerzeit bei einer Temperatur
von -18 °C 8 Monate

Rebhuhnbrüste
(auch als Brustfilet
bezeichnet)

Rebhuhnkeule

TIPP: Eventuell die Rebhühner mit Speck umwickeln, damit das Fleisch nicht austrocknet.

2 (möglichst junge) Rebhühner
Salz, Pfeffer
2 Orangen
1 altgebackene Semmel
125 ml Milch
2 Zwiebeln
Petersilie nach Bedarf
Butterschmalz zum Andünsten
1 Ei
Wurzelwerk (nach Bedarf)
125 ml Brühe

Gefülltes Rebhuhn

Die Rebhühner säubern, salzen und pfeffern. Orangen filetieren. Die Semmel in Würfel schneiden und in der lauwarmen Milch einweichen. Die kleingeschnittenen Zwiebeln und Petersilie in Butterschmalz andünsten. Alles mit Ei und Gewürzen vermischen und kräftig abschmecken. Die beiden Rebhühner mit der Masse füllen und im Backrohr mit dem Wurzelwerk bei etwa 180 Grad (Umluft) nach 10 Minuten auf 200 Grad (Umluft) schalten und 1 Stunde lang braten. Mit Brühe aufgießen. Die gefüllten Rebhühner nach der Garzeit aus dem Bratenfond nehmen. Den Rest pürieren und die Soße abschmecken.

Anna Maria Krinner, Kaufbeuren

Rebhuhn

mit karamellisiertem Boskoop

je nach Größe 1–2 (junge) Rebhühner
Salz, Pfeffer nach Geschmack
Wurzelwerk nach Bedarf
frischer Rosmarin nach Bedarf
Butterschmalz zum Braten
Brühe nach Bedarf
4 Boskoop
Zitronensaft nach Bedarf
4 EL Zucker

Rebhuhn säubern, salzen und pfeffern. Mit dem Wurzelwerk und Rosmarin in Butterschmalz anbraten, im vorgeheizten Backrohr bei etwa 180 Grad (Umluft) etwa 1 Stunde unter ständigem Aufgießen braten. Während dieser Zeit die Äpfel schälen, Kerngehäuse entfernen und in etwa 1,5 cm dicke Scheiben schneiden. Mit Zitronensaft beträufeln. Zucker in einer Pfanne karamellisieren, Apfelringe dazugeben und vorsichtig von beiden Seiten garen. Die geviertelten Rebhühner auf den karamellisierten Apfelscheiben servieren. Aus dem Bratenfond eine Soße bereiten. Dazu das Wurzelwerk pürieren und die Soße abschmecken.

TIPP Dazu passt ein selbstgemachter Kartoffelbrei.

Anna Maria Krinner, Kaufbeuren

Wachteln

Die Wachtel

Begriffserklärung
Hahn: Das männliche Tier
Henne: Das weibliche Tier
Küken: Die Jungtiere

Wachteln sind den Rebhühnern im Aussehen sehr ähnlich, sie sind nur etwas kleiner, mit einem kürzen Stoß (Schwanz). Die Grundfarbe ist bräunlich, das Seitengefieder gestichelt. Von der Schnabelwurzel zieht sich ein weißer Streifen bogenförmig auf beiden Seiten über das Auge zum Nacken. Die Wachtel ist der einzige Zugvogel unter unseren Hühnervögeln. Dort, wo sie sich die Wachtel wohlfühlt, wie auf Wiesen und Rübenschlägen, findet sie Sämereien, Getreidekörnern und Insekten. Gute Nahrung und gute Deckung ist für das kleine Federwild sehr wichtig. Bietet die Umwelt gute Bedingungen, legt die Wachtel 8 bis 13 Eier. Die kleine Küken schlüpfen nach 17 Tagen. Durch den starken Rückgang ist der Wachtelbestand bedroht, deshalb ganzjährige Schonzeit.

Jagdzeiten
Die Wachtel ist im Moment ganzjährig geschont und wird nicht bejagt.
In freien Zuchtanlagen kann man sie jedoch kaufen.

Teile und Verwendung
Das kleinste unter den Feldhühnern ist in der Wildküche sehr beliebt. Das Fleisch ist äußerst zart und besonders schmackhaft. Eine Wachtel ist zwischen 120 und 250 g schwer. Ob gefüllt oder ungefüllt, im Ganzen, gegrillt oder gebraten ist die Wachtel ein ganz besonderer Leckerbissen.

Lagerzeit
Lagerzeit bei einer Temperatur von −18 °C 6 Monate

Wachtelbrust unter der Kräuterhaube auf Pfifferlingsrisotto

Für das Risotto:
2 Schalotten
30 g Butter
200 g Risottoreis
500 ml Gemüsebrühe (heiß)
250 g Pfifferlinge
1 EL Öl
Salz, Pfeffer aus der Mühle
2 EL getrocknete Tomaten fein gewürfelt
1 EL Schnittlauch fein geschnitten
50 g Parmesan (gerieben)
1 EL Butter

8 Wachtelbrüste (jede Seite 2 Min. bei mittlerer Stufe)
4 EL Butter
6 EL Parmesan (frisch gerieben)
4 EL Semmelbrösel
2 EL frische Kräuter geschnitten (z.B. Schnittlauch, Petersilie, Kerbel, Estragon)
Salz, Pfeffer aus der Mühle
2 EL Öl zum Anbraten

Zwiebeln würfeln und die Hälfte in der Butter glasig dünsten. Reis zugeben, kurz anrösten, die heiße Brühe nach und nach zugeben und den Reis nach Packungsanweisung garen.
Die Pfifferlinge kurz abbrausen, mit Küchenpapier trockentupfen und putzen.
Restliche Zwiebeln im heißen Öl anbraten, Pilze zugeben und 5 Min. unter Wenden braten. Mit Salz und Pfeffer würzen. Tomaten vierteln, zu den Pilzen geben und 30 Sek. mitbraten. Schnittlauch in Röllchen schneiden. Alles mit dem Käse unter den Risotto heben, evtl. nachwürzen und sofort servieren.
Die Wachteln auf jeder Seite 2 Minuten bei mittlerer Stufe anbraten.
Für die Kruste die Butter schaumig schlagen, Semmelbrösel, Parmesan und die frischen Kräuter miteinander vermengen. Die zuvor angebratenen Wachtelbrüste im Ofen bei 200 Grad goldbraun gratinieren.

Sven Schmidt, Memmingen

Geschäumte Parmesansuppe

mit Wachtelbrustspieß

Für die Suppe:
2 Schalotten
1 Knoblauchzehe
2 EL Risotto-Reis
2 EL Butter
500 ml Geflügelfond
50 ml trockener Weißwein
50 ml Martini extra dry
250 ml Sahne
60 g Parmesan frisch gerieben
Salz, Pfeffer aus der Mühle
etwas Trüffelöl

Für die Wachtelbrust:
4 Stück Wachtelbrüste Küchenfertig
Salz, Pfeffer aus der Mühle
1 EL Öl
4 Holzspieße

Die Schalotten und die Knoblauchzehe fein schneiden und zusammen mit dem Risotto-Reis in Butter farblos anschwitzen.
Mit dem Weißwein und Martini ablöschen, mit Geflügelfond und Sahne auffüllen.
Mit Salz und Pfeffer abschmecken.
Parmesan und Trüffelöl kurz vor dem Anrichten zusammen mixen.
Die Wachtelbrüste würzen und von jeder Seite 2 Minuten anbraten, anschließend aufspießen und über die Suppenschale oder Suppenteller legen.

Sven Schmidt, Memmingen

Wildente

Die Wildente

Begriffserklärung
Erpel: Die männliche Ente
Ente: Das weibliche Tier
Küken: Die Jungtiere

Der Erpel zeigt sich bei allen Schwimm- und Tauchenten im Prachtklein auffällig bunt gefiedert und das weibliche Tier im schlichten Federkleid. Enten sind sehr gute und schnelle Flieger, für eine günstige Nahrungsquelle legen sie oft weite Strecken zurück. Viele Tiere ziehen regelmäßig in klimatisch günstige Winterquartiere und sammeln sich dort in Scharen auf geeigneten Flüssen und Seen. Enten ernähren sich sehr vielseitig, pflanzliche und tierische Nahrung aus dem Wasser und vom Land stehen auf dem Speiseplan. Je nach Art legt beispielsweise die Stockente etwa 7 bis 12 Eier, die 25 bis 28 Tage bebrütet werden.

Jagdzeiten
Die gesetzlich geregelte Jagdzeit- und Schonzeit ist überwiegend dem Lebenszyklus der Tiere angepasst. Wann Tiere bejagt werden dürfen, ist genau festgelegt und somit ist frisches Wildbret aus heimischen Revieren nur in der jeweiligen Hauptjagdsaison zu bekommen. Die Zeit der erlaubten Bejagung ist zwischen September bzw. Oktober (je danach Art) bis Mitte Januar.

Teile und Verwendung
Wildenten gehören in Deutschland zu den beliebtesten Federwildarten. Das Fleisch ist sehr kernig und besonders aromatisch. Bei älteren Tieren kann die Garzeit etwas länger sein und das Fleisch sollte länger abgehangen (gelagert bzw. gereift) werden.

Nährwerttabelle

Wildtier	Energie kcal	Hauptnährstoffe Eiweiß	Fett	Kohlenhydrate
Wildente	124	23 g	3,0 g	0,5 mg

Bezogen auf 100 g Wildfleisch (Quelle: Deutscher Jagdschutzverband e. V. Broschüre »Wild auf Wild«.

Lagerzeit

Lagerzeit bei einer Temperatur
von -18 °C 6–8 Monate

Wildentenbrüste (auch
als Brustfilet bezeichnet)

Wildentenkeule

Geschnetzelte Wildentenbrust

3 Wildentenbrüste (von jungen Wildenten)
ca. 150 g braune Champignons
Butterschmalz für die Pfanne
Salz, Pfeffer nach Belieben
4 Frühlingszwiebeln
frischen Rosmarin nach Belieben
frischen Thymian nach Belieben
ca. 150 g zerkleinerte Walnüsse

Wildentenbrust säubern, abtrocknen und in Streifen schneiden. Champignon abreiben und zerkleinern. Die Fleischstreifen in heißem Butterschmalz einige Minuten anbraten, salzen und pfeffern. Dann Champignons, kleingeschnittene Frühlingszwiebeln, klein geschnittenen Rosmarin und Thymian dazugeben und weitere 5 Minuten mitdünsten. Zum Schluss mit Walnüssen mischen und abschmecken.

Anna Maria Krinner, Kaufbeuren

Wildentenbrust
mit Orangensoße

Für die Wildentenbrüste:
2 ganze Wildentenbrüste mit Haut
Salz, Pfeffer zum Würzen
2 EL Öl für die Pfanne
1 Bund Rosmarin
1 Bund Thymian

Für die Orangensoße:
1 l Orangensaft
1 Lorbeerblatt
1 Zweig Rosmarin
1 Zweig Thymian
2 Knoblauchzehen
4 EL Olivenöl
1/4 Granatapfel

Die bratfertigen Wildentenbrüste mit Salz und Pfeffer würzen und scharf anbraten. Dabei die Hautseite gut bräunen lassen. Entenbrüste auf ein mit Alufolie bedecktes Backblech legen. Im Bratfett Rosmarin und Thymianzweige kurz anbraten und damit die Entenbrüste bedecken. In der Röhre bei 70 Grad je nach Größe etwa 2,5 Stunden garen.
Entenbrüste auf einem Gitter vor dem Anschneiden einige Minuten ruhen und etwas auskühlen lassen, da sonst der Fleischsaft ausläuft.

Für die Orangensoße Saft, Lorbeerblatt, Rosmarin, Thymian und die geschnittenen Knoblauchzehen zum Kochen bringen und bei niedriger Hitze auf 150 bis 200 ml reduzieren. Dabei den entstehenden Schaum immer wieder vorsichtig abschöpfen. Soße etwa 5 Minuten abkühlen lassen. Dabei das Olivenöl zügig einrühren und das körnige Fruchtfleisch des Granatapfels beifügen.

Carla Hölzle, Markt Rettenbach

TIPP
Dieses Rezept ist etwas für einen besonderen Anlass. Für die Dekoration kann dabei etwas vom Granatapfel auf die Seite gelegt werden und erst nach dem Kochen auf die Wildentenbrüste gelegt werden, denn in der warmen Soße kann die Frucht blass werden.

Wildgans

Die Wildgans

Begriffserklärung
Ganter: Die männliche Ente
Gans: Das weibliche Gans
Küken: Die Jungtiere

Die uns bekanntesten Gänse sind Graugans, Saatgans, Bläßgans und Kanadagans, wobei nur die Graugans und die eingebürgerte Kanadagans zu unseren einheimischen Brutvögeln zählten. Alle übrigen Arten sind nordische Brutvögel und kommen als Wintergäste in die Küstengebiete und zum Teil auch bis ins Binnenland.
Zwischen den Brutgebieten und Winterquartieren legen die ausdauernden Flieger im Frühjahr und im Winter oft sehr weite Strecken zurück. An ihrem Heimandstandort beginnt Ende April Anfang Mai die Brutablage. Vier bis sechs Eier werden von der Graugans 27 bis 29 Tage bebrütet.

Jagdzeiten
Die gesetzlich geregelte Jagdzeit- und Schonzeit ist überwiegend dem Lebenszyklus der Tiere angepasst. Nur die o. g. Tiere haben Jagzeit, alle anderen Wildgänse dürfen nicht erlegt werden. Wann Tiere bejagt werden dürfen, ist genau festgelegt und somit ist frisches Wildbret aus heimischen Revieren nur in der jeweiligen Hauptjagdsaison zu bekommen, die von November bis Mitte Januar dauert (Graugans zusätzliche August).

Teile und Verwendung
Die Wildgans ist für unsere Region ein klassisches Weihnachtsessen. Das dunkle und aromatische Fleisch spielt in der heutigen Wildküche eher eine untergeordnete Rolle. Graugänse z. B. können zwischen 2,5 kg und 4 kg schwer werden. Junge Wildgänse sind in jedem Fall zu bevorzugen, da die Garzeit nicht zu lange ist und das Fleisch zart.

Lagerzeit
Lagerzeit bei einer Temperatur
von –18 °C 6–8 Monaten

Wildgansbrüste (auch als Brustfilet bezeichnet)

Wildganskeule

Gebratene Wildgans

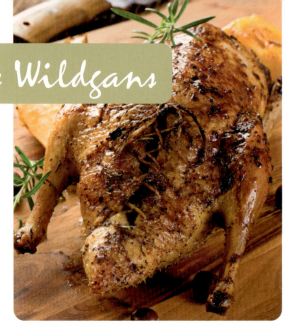

1 junge Wildgans, ca. 4,5–5 kg
3 Stangen Staudensellerie
1 Apfel, säuerlich
6 Scheiben Toastbrot oder alte Semmeln
250 g Maronen fertig vakuumiert
1 große Zwiebel
Leber, Magen, Herz der Gans
3 EL Thymian
Salz
Pfeffer

Die Staudenselleriestangen waschen und in feine Scheiben schneiden. Apfel schälen, vom Kerngehäuse befreien und in Stückchen schneiden. Das alte getrocknete Brot in Würfeln schneiden. Die Esskastanien aus der Vakuumverpackung nehmen und grob würfeln. Die Zwiebeln in feine Würfel schneiden. Alle Zutaten in einer großen Schüssel mischen. Mit 3 EL Thymian, Salz und frisch gemahlenem Pfeffer würzen und in die Gans füllen. Gänseöffnung einfach mit 3 oder 4 Rouladennadeln schließen oder mit einem Zick-Zack Küchengarn zunähen und mit einer Schleife verschließen.

Gans von außen leicht salzen. Gans nun in den vorgeheizten Backofen bei 220° ca. 1 Stunde braten, dann mindestens 7 Stunden bei Niedrigtemperatur 80 Grad weiter schmoren lassen. Die Gans wird butterzart und bleibt saftig.

TIPP: 1 Stunde vor dem Schlafen gehen ins Ofenrohr stellen, nach einer Stunde auf die 80 Grad stellen. Am nächsten Morgen ist der Braten fertig. 1/2 Stunde vor dem geplanten Essen (bei 180 Grad) die Gans aufwärmen. Die Fülle aus der Gans wird nun als Beilage serviert, sehr köstlich!

Huberta Wald, Wiesen

Wildgans

mit Blaukraut und Semmelknödel

*4,5 kg Wildgans
& Innereien
4 Äpfel
4 Zwiebeln
5 Karotten
Thymian, Salbei, Beifuß
1 Knolle Sellerie
1 Blatt Lorbeer, 3 Wacholderbeeren, Salz, Pfeffer, Paprikapulver
500 ml Rotwein
500 ml Gemüsebrühe
3 El Öl*

Äpfel, Zwiebeln, Karotten und Staudensellerie klein schneiden. Thymian, Salbei und Beifuß grob klein schneiden. Äpfel, Gemüse und Kräuter mischen und die Gans damit füllen. Die Öffnung der Bauchhöhle mit Holzspießen verschließen und mit Küchengarn fixieren. Keulen locker zusammenbinden. Die Innereien werden zum Garen mit in die Saftpfanne gelegt.

Den Backofen auf 180 Grad vorheizen. Die Gans mit der Brustseite nach unten in eine Saftpfanne legen, 200 ml Wasser angießen, auf der 1. Schiene von unten 45 Minuten garen. Die Gans wenden und in 3 Stunden bei 180 Grad zu Ende garen, dabei immer wieder mit der Gemüsebrühe und dem Rotwein angießen. Nach der Hälfte der Garzeit Bratfond und ausgetretenes Fett abgießen und auffangen. Gans herausnehmen, restlichen Fond und Fett zur bereits aufgefangenen Flüssigkeit gießen und mit Hilfe einer Fettkanne Fond vom Fett trennen, Fett entsorgen. Gans im 140 Grad heißen Ofen warm halten. Zum Servieren den Fond aufkochen und die Gans mit Hilfe eines Tranchierbestecks zerteilen. Dazu passen Klöße und Rotkohl. Die Füllung nicht servieren - sie sorgt lediglich für das Aroma.

Sven Schmidt, Memmingen

Wildtauben

Die Wildtaube

Begriffserklärung
Vogel: Die männliche Taube
Taube: Das weibliche Tier
Küken: Die Jungtiere

Die Ringel- und die Türkentaube sind unsere bekanntesten Tauben. Bei den Tauben sehen beide Geschlechter gleich aus und können ein Gewicht bis zu 500 g erreichen. Tauben sind äußerst geschickte Flieger und legen sehr weite Strecken zurück. In starken Winterschwärmen fliegen sie auf Felder mit Raps-, Kohl- und Gemüsepflanzen. In manchen Gebieten können sie dadurch großen Schaden anrichten. Zwei bis dreimal im Jahr brüten die Tauben auf Bäumen, hohen Sträuchern, in Wäldern, Feldgehölzen oder auch in Parkanlagen je zwei Eier aus.

Jagdzeiten
Die gesetzlich geregelte Jagdzeit- und Schonzeit ist überwiegend dem Lebenszyklus der Tiere angepasst. Wann Tiere bejagt werden dürfen, ist genau festgelegt und somit ist frisches Wildbret aus heimischen Revieren nur in der jeweiligen Hauptjagdsaison zu bekommen, die von November bis 20. Februar dauert.

Teile und Verwendung
Tauben aus freier Wildbahn sind nur schwer im Handel zu bekommen. Das feine Fleisch ist sehr aromatisch und wohlschmeckend. Das Gewicht bei den Wildtauben liegt etwa zwischen 400 und 550 g. Tauben werden meist im Ganzen gebraten, gegrillt oder geschmort.

Lagerzeit
Lagerzeit bei einer Temperatur von −18 °C 8 Monate

Gebratene Wildtauben

Je nach Größe:
2–4 (möglichst junge) Wildtauben

Für die Füllung:
100 g frische Champignons

Für die Soße:
Etwa 125 ml trockener Weißwein
2 Zwiebeln
2 Gelbe Rüben

Nach Bedarf:
Salz, Pfeffer
Petersilie
Brühe
evtl. Sahne zum Abschmecken
Butterschmalz für die Pfanne

Die vorbereiteten Wildtauben mit Salz und Pfeffer würzen. Die Champignons klein schneiden und in Butterschmalz andünsten. Die Tauben mit Champignons und Petersilie füllen. Die Wildtauben in Butterschmalz anbraten. In der Backröhre mit Weißwein, Zwiebeln und Gelbe Rüben bei etwa 160 Grad etwa 1/2 Stunde braten. Dabei die Tauben immer wieder mit der Soße begießen. Bratenfond mit Gemüse mixen und abschmecken.

Anna Maria Krinner, Kaufbeuren

TIPP Anstelle der Champignonfülle kann auch die Fülle vom Rebhuhn verwendet werden. Ältere Wildtauben sollten etwa 1,5 Stunden zugedeckt geschmort werden.

Gebratene Tauben

2 Tauben
Salz und Pfeffer
1 Zweig frischer Rosmarin
etwas Olivenöl
1 Knoblauchzehe

Die Tauben mit einem scharfen Messer oder einer Schere durchschneiden und sauber waschen. Die Tauben mit Salz und Pfeffer bestreuen und mit Olivenöl und dem Rosmarinzweig anbraten. Anschließend mit dem Knoblauch einreiben und für 10 bis 15 Minuten bei 200 Grad (Ober- und Unterhitze) in den Backofen geben.

Erna Lochbrunner, Kirchhaslach

TIPP Einen frischen Feldsalat dazu servieren – schmeckt einfach herrlich.

Süßes & Dessert

Apfelknödel

Für die Apfelknödel:
3 Äpfel
etwas Butter
etwas Apfelsaft
etwas Calvados
1 Ei
Semmelbrösel nach Bedarf

Zum Panieren:
Mehl
Ei
Semmelbrösel
Fett

Äpfel schälen, entkernen und in kleine Stücke schneiden. Apfelstücke mit Butter anschwitzen und mit etwas Apfelsaft und Calvados weichkochen. Apfelmasse erkalten lassen. Ei und Semmelbrösel zugeben, bis eine kompakte Masse entsteht. Kugeln formen und mit Mehl, Ei und Semmelbrösel panieren, mit viel Fett frittieren.

TIPP: Mit Vanillesoße und frischen Beeren reichen.

Familie Haas, Frauenzell

Bratapfel mit Quittenmus

Für 1 Person

10 g Fermentgetreide
15 g gemahlene Haselnüsse
1 EL Milch
2 TL Quittenmus
Zimt nach Belieben
1 säuerlicher Apfel

Das Fermentgetreide in einer Schüssel mit den gemahlenen Haselnüssen und der Milch vermengen. Mit Quittenmus süßen und mit Zimt abschmecken. Apfel ausstechen, mit der Masse füllen und auf Backpapier setzen. Im vorgeheizten Ofen bei 180 bis 200 Grad zwischen 12 und 15 Minuten backen.

Herbert Wirths, Fischach

TIPP: Das Fermentgetreide bekommt man im Reformhaus.

Rehrücken

je 75 g Halbbitter- und
Vollmilchschokolade
225 g Butter
150 g Zucker
1 Päckchen Vanillezucker
5 Eigelb
5 Eiweiß
1 Prise Salz
225 g gemahlene Nüsse
40 g Dinkelschrot
70 g Dinkelbrösel
Kuvertüre und
Mandelstifte für die Deko

Halbbitter- und Vollmilchschokolade schmelzen. Zusammen mit Butter, Zucker, Vanillezucker und Eigelb schaumig rühren, bis der Teig ganz hell ist. Eiweiß mit Salz zu Eischnee schlagen. Nüsse, Dinkelschrot und Dinkelbrösel mit dem Eischnee zusammen unter die Eiercreme heben. In Rehrückenform 50 bis 60 Minuten bei 180 Grad backen, abkühlen lassen und aus der Form stürzen. Den abgekühlten Rehrücken mit Kuvertüre bestreichen und mit Mandelstiften spicken.

Hermine Altstetter, Kempten

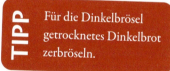

TIPP: Für die Dinkelbrösel getrocknetes Dinkelbrot zerbröseln.

Ringelblumen-Estragonparfait

2 Eier
2 Eigelb
180 g Zucker
50 g gehackter Estragon
50 g gehackte Ringelblumenblätter
4 cl Rum
Saft einer Zitrone
500 g Sahne

Eier und Eigelb mit Zucker im Wasserbad schaumig schlagen. Dann Estragon und Ringelblumenblätter mit Rum und dem Zitronensaft zugeben, geschlagene Sahne unterziehen. Die Masse in eine vorgekühlte Form füllen und mindestens 5 Stunden kühlen.

Silvia Vögel, Balderschwang

TIPP Mit frischen Ringelblumenblüten und Minzeblättern dekorieren.

Rotweinäpfel

Für 6 Personen

Für die Rotweinäpfel:
1 l trockener, kräftigen Rotwein
100 g Gelierzucker
3 Zimtstangen
6 säuerliche, kleine Äpfel

Für die Sahne:
400 ml bayerische Sahne
2 Päckchen Vanillinzucker
4 cl Calvados

Den Wein mit Gelierzucker sowie Zimtstangen in einen Topf geben und ohne Deckel 8 bis 10 Minuten köcheln lassen. Die Äpfel schälen, dabei die Stiele nicht entfernen. Die Früchte etwa 15 Minuten sanft im Wein garen, dabei einmal wenden. Die Äpfel aus dem Topf heben und abtropfen lassen. Den Rotweinsud sirupartig einkochen lassen. Äpfel in eine Schüssel geben, mit dem Sirup übergießen. Zugedeckt zwölf Stunden im Kühlschrank marinieren. Kurz vor dem Servieren die Sahne steif schlagen, dabei den Vanillinzucker einrieseln lassen. Zum Schluss den Calvados unterziehen. Die aromatisierte Schlagsahne separat zu den Rotweinäpfeln geben.

LVBM, Landesvereinigung der Bayerischen Milchwirtschaft ❀

Rotweinbirnen

4 Birnen

Für den Sud:
125 ml kräftiger Rotwein
evtl. etwas Apfelsaft
1 Zimtstange
2–3 EL Zucker
2 Nelken
etwas Zitronenschale
etwas Piment

Große Birnen schälen, halbieren und das Kerngehäuse mit einem Kugelausstecher entfernen. Kleinere Birnen schälen, Stiel dran lassen und von unten mit einem Apfelausstecher das Kerngehäuse entfernen.
Für den Sud die angegebenen Zutaten kräftig aufkochen lassen. Birnen einlegen, einmal aufkochen lassen.
Topf mit Deckel verschließen und vom Herd ziehen. Birnen im Sud abkühlen lassen. Birnen und Gewürze aus dem Sud nehmen und Sud einkochen lassen, bis er dickflüssig wird. Wieder über die Birnen gießen.

Manfred Mair, Rosshaupten ❀

Vanilleäpfel

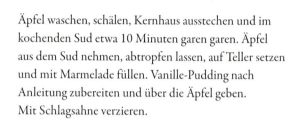

Für die Äpfel:
4–6 Äpfel
Marmelade nach Bedarf
Sahne zum Verzieren

Für den Sud:
375 ml Wasser
etwas Zucker
Saft von 1–2 Zitronen

Für den Vanillepudding:
1 Päckchen Vanillepudding
Milch & Zucker nach Bedarf

Äpfel waschen, schälen, Kernhaus ausstechen und im kochenden Sud etwa 10 Minuten garen garen. Äpfel aus dem Sud nehmen, abtropfen lassen, auf Teller setzen und mit Marmelade füllen. Vanille-Pudding nach Anleitung zubereiten und über die Äpfel geben. Mit Schlagsahne verzieren.

Steffi Helmer, Trauchgau

Zimtapfeldessert

Für das Apfelmus:
4 große Äpfel
Weißwein/Wasser nach Bedarf
etwas Zimt
etwas Zitronenschale

Für die weiteren Schichten:
1 Päckchen gehobelte Mandeln
etwas Butter
1 EL Zucker
1 Päckchen Vanillezucker
1 Becher Sahne
1 TL Zucker
einige Amaretti

Für das Apfelmus die Äpfel schälen und Kerngehäuse entfernen. In der Flüssigkeit gar dünsten. Mixen, leicht abkühlen lassen und mit Zimt und etwas Zitronensaft abschmecken. Während das Apfelmus abkühlt, Mandeln in einer Pfanne leicht braun rösten. Butter, Zucker und Vanillezucker dazugeben und abkühlen lassen. Sahne mit Zucker steif schlagen und Amaretti grob zerkleinern. Nun alles nacheinander in dieser Reihenfolge in vier schöne Weingläser schichten: Apfelmus, Sahne, Amaretti, Apfelmus, Sahne. Zum Schluss die Mandeln darüber geben.

Manfred Mair, Rosshaupten

Zwetschgenröster

Für die Zwetschgen:
250 g Zwetschgen
etwas Butter
50 g Zucker
etwas Pflaumenlikör
(benetzen)

Zum Würzen:
gemahlener Zimt
Piment
Zitronenschale
Nelke
1 Msp. Honig

Zwetschgen entkernen, halbieren oder vierteln. Butter im Topf schmelzen lassen und Zucker darin bräunen. Zwetschgen dazugeben und etwas andünsten. Mit etwas Pflaumenlikör aufgießen. Mit Zimt, Piment, Zitronenschale, Nelke und Honig würzen. Alles leicht einkochen lassen.

Manfred Mair, Rosshaupten

TIPP
Schmeckt auch gut zu Zwetschgenknödeln und Wild. Statt Zwetschgen können auch gut Marillen oder Aprikosen und statt Pflaumenlikör auch Pflaumenwein, Rotwein oder Portwein verwendet werden. Als Zugabe zu Süßem etwas mehr Zucker und Vanille verwenden. Als Zugabe zu Salzigem weniger Zucker und eventuell Chili oder Balsamico verwenden.

Wo kann ich frisches Wildfleisch beziehen?

Hier finden Sie JägerInnen in Ihrer Nähe

Regierungsbezirk Schwaben
- Aichach, www.jagd-bayern.de/862.html
- Jägervereinigung Augsburg, www.jagd-augsburg.de
- Dillingen, www.kreisjaegervereinigung-dillingen.de
- Kreisgruppe Donauwörth, www.jagdverband-donauwoerth.de
- Friedberg, www.jaegervereinigung-friedberg.de
- Füssen, www.jaeger-fuessen.de
- Günzburg, www.jjv-guenzburg.de
- Jagdschutz- und Jägerverein Kaufbeuren, www.jaegerverein-kaufbeuren.info
- Kempten, www.kreisjagdverband-kempten.de
- Krumbach, www.jagd-bayern.de/864.html
- Lindau, www.kreisjagdverband-lindau.de
- Marktoberdorf, www.jagd-marktoberdorf.de
- Kreisgruppe Memmingen, www.jagd-memmingen.de
- Kreisgruppe Mindelheim, www.jagd-mindelheim.de
- Kreisgruppe Neu-Ulm, www.jagd-neu-ulm.de
- Kreisgruppe Nördlingen, www.jagd-noerdlingen.de
- Kreisjagdverband Oberallgäu, www.jagd-oberallgaeu.de
- Schwabmünchen, www.jagd-schwabmuenchen.de

Regierungsbezirk Oberbayern
- Kreisgruppe Altötting, www.jagd-altoetting.de
- Jagdgruppe Bad Aibling, www.jagdgruppe-bad-aibling.de
- Kreisjagdverband Bad-Tölz, www.jagd-bayern.de/bjv_kreisgruppe_traunstein0.html
- Jägerverein Hubertus Beilngries, www.jaeger-beilngries.de
- Berchtesgadener Land, www.jaeger-bgl.de
- Jagdschutz- und Jägerverein Dachau, www.jagddachau.de
- Kreisgruppe Ebersberg, www.jagd-ebersberg.de
- Kreisgruppe Eichstätt, www.s440390422.website-start.de
- Kreisjagdverband Erding, www.jagd-erding.de

- Jagdschutz -und Jägerverein Freising Stadt und Land, www.jagd-freising.de
- Kreisgruppe Fürstenfeldbruck, www.bjv-ffb.de
- Kreisgruppe Garmisch-Partenkirchen, www.jagd-gap.de
- Kreisgruppe Ingolstadt, www.jaeger-ingolstadt.de
- Jagdschutz- und Jägerverein Landsberg, www.jagd-landsberg.de
- Kreisgruppe Miesbach, www.jagd-miesbach.de
- Kreisgruppe Mühldorf, www.bjv-muehldorf.de
- Kreisgruppe München, www.bjv-muenchen.de
- Münchner Jägerverein, www.muenchner-jaegerverein.de
- Dt. Waidmannsgilde, www.waidmannsgilde.de
- Verein Hubertus, www.verein-hubertus.de
- Jagdclub München, www.jagdclub-muenchen.de
- Jägerverein München-Land, www.jagd-muenchen.de
- Jagdschutzverein Neuburg a. d. Donau, www.jagdschutzverein-neuburg.de
- Jägervereinigung Pfaffenhofen, www.paf-jagd.de
- Jägervereinigung Rosenheim e.V., www.bjv-rosenheim.de
- Jagd- und Naturschutzverein Schongau, www.jagd-und-naturschutzverein-schongau.de
- Jägervereinigung Schrobenhausen, www.jagd-bayern.de/bjv_kreisgruppe_traunstein00.html
- Kreisgruppe Starnberg, www.jagd-starnberg.de
- Traunstein, www.jagd-bayern.de/bjv_kreisgruppe_traunstein.html
- Wasserburg, www.jagd-wasserburg.de
- Weilheim, www.jagd-weilheim.de
- Wolfratshausen, www.jagd-wolfratshausen.de
- Jägerverein Schambachtal, www.jagd-bayern.de/848.html
- Bund Bayer. Berufsjäger, www.berufsjaeger-bayern.de
- Bund Bayer. Jagdaufseher, www.bbja.de
- Deutscher Falkenorden, Landesverband Bayern, www.d-f-o.de
- Bayerischer Beizjägerverband, www.jagd-bayern.de/849.html

Regierungsbezirk Niederbayern
- Kreisgruppe Bogen, www.jagd-bogen.de
- Deggendorf, www.bjv-deggendorf.de
- Dingolfing, www.bjv-dingolfing.de
- Eggenfelden, www.jagd-bayern.de/bjv-kreisgruppe-eggenfelden.html
- Grafenau, www.grafenauer-jaegerschaft.de
- Kreisgruppe Griesbach, www.bjv-griesbach.de

- Jagdverein Holledau, www.jagdverein-holledau.de
- Kreisgruppe Kelheim, www.jagd-kelheim.de
- Landau, www.jagd-bayern.de/838.html
- Landshut, www.kreisgruppe-landshut.de
- Mallersdorf, www.jagd-bayern.de/bjv-kreisgruppe-mallersdorf.html
- Jagdschutzverein Passau, www.jagd-passau.de
- Pfarrkirchen, www.jagd-bayern.de/bjv-kreisgruppe-pfarrkirchen.html
- Regen/Zwiesel, www.jaegerschaft-regen-zwiesel.de
- Rottenburg, www.jagd-bayern.de/842.html
- Kreisgruppe Straubing e.V., hwww.jagd-straubing.de
- Viechtach, www.bjv-viechtach.de
- Vilsbiburg, www.jagd-bayern.de/843.html
- Vilshofen, www.bjv-vilshofen.de
- Wegscheid, www.jagd-bayern.de/845.html
- Wolfsteiner Jägerschaft, www.wolfsteiner-jaegerschaft.de
- Safari Club International Bavaria Chapter, www.jagd-bayern.de/846.html

Regierungsbezirk Oberpfalz
- Kreisgruppe Amberg, www.jagd-amberg.de
- Berching, www.jagd-bayern.de/852.html
- Burglengenfeld, www.kjg-burglengenfeld.de
- Furth im Wald, www.jagd-furth.de
- Jägerkameradschaft Cham, www.jaegerkameradschaft-cham.de
- Eschenbach, www.jagd-bayern.de/854.html
- Kemnath, www.jagd-bayern.de/853.html
- Kreisgruppe Kötzting, www.bjv-koetzting.de
- Nabburg, www.jagd-bayern.de/855.html
- Kreisgruppe Neumarkt/ Oberpfalz, www.bjv-neumarkt.de
- Jagdschutzverein Hubertus Neumarkt i.d.Opf., www.jagdschutzverein-hubertus.de
- Neunburg v. Wald, www.jagd-bayern.de/856.html
- Jagdschutz - und Jägerverband Weiden-Neustadt e.V., www.jagdverband-weiden-neustadt.de
- Oberviechtach, www.jagd-oberviechtach.de
- Parsberg Jägerverein Jura, www.jagd-bayern.de/858.html
- Kreisgruppe Regensburg, www.jagd-regensburg.de
- Jagdschutzverein Roding, www.jagd-roding.eu
- Jägerverein Schwandorf, www.jaegerverein-schwandorf.de

- Sulzbach/Rosenberg, www.bjv-suro.de
- Kreisgruppe Tirschenreuth, www.jagd-tirschenreuth.de
- Kreisgruppe Vohenstrauß, www.jagd-vohenstrauss.de
- Waldmünchen, www.jagd-bayern.de/859.html
- Jägerkameradschaft Auerbach und Umgebung, www.jagd-bayern.de/860.html
- Nittenau, www.jagd-bayern.de/861.html

Regierungsbezirk Mittelfranken
- Jägervereinigung Ansbach und Umgebung, www.jaegervereinigung-ansbach.de
- Jägervereinigung Erlangen, www.jaegervereinigung-erlangen.de
- Jägervereinigung Feuchtwangen, www.jagd-feuchtwangen.de
- Fürth, www.jagd-bayernfuerth.de
- Jagdverein Gunzenhausen, www.jagdverein-gunzenhausen.de
- Jagdschutz- und Jägerverein Hersbruck e.V., www.jagd-bayern.de/829.html
- Kreisjägerschaft Höchstadt/Aisch, www.kreisjaegerschaft-hoechstadt.de
- Lauf/Pegnitz, http: www.jagd-lauf.de
- Kreisverband Neustadt/Aisch und Umgebung, www.jaeger-nea.de
- Nürnberger Jagdschutz-und Jägerverband e.V.
- Jägergesellschaft Hubertus Nürnberg, www.jagd-nuernberg.de, www.hubertus-nuernberg.de
- Jägergesellschaft "Brauner Hirsch", Nürnberg, www.braunerhirsch.de
- Nürnberg-Land, www.jjv-nuernbergland.de
- Roth-Hilpoltstein, www.jagd-roth-hilpoltstein.de
- Rothenburg o.d.T, ww.jagd-bayern.de/831.html
- Scheinfeld, www.jagd-bayern.de/832.html
- Schwabach/Roth, www.jagd-schwabach-roth.de
- Uffenheim, www.jägerverein-uffenheim.de
- Weißenburg, www.jaegervereinigung-weissenburg.de
- Bad Windsheim, www.jaegerbw.de
- Dinkelsbühl, www.jaegervereinigung-dinkelsbuehl.de
- Wassertrüdingen, www.jagd-bayern.de/837.html

Regierungsbezirk Oberfranken
- Kreisgruppe Bamberg, www.jagd-in-bamberg.de
- Jägerverein Bayreuth, www.jaegerverein-bayreuth.de
- Coburg, www.bjv-coburg.de

- Kreisgruppe Forchheim, www.jagd-forchheim.de
- Jägerschaft Hof/Saale, www.jaegerschaft-hof.de
- Jagdschutz und Jägerverband Kronach, www.bjv-kronach.de
- Kulmbach, www.jjv-kulmbach.de
- Lichtenfels, www.bjv-lichtenfels.de
- Münchberg, www.jagd-bayern.de/bjv_kreisgruppe_muenchberg.html
- Kreisgruppe Naila, www.jagd-naila.de
- Pegnitz, www.jv-pegnitz.de
- Jägerschaft Rehau/Selb, www.jaegerschaft-rehau-selb.de
- Bad Staffelstein, www.bjv-bad-staffelstein.de
- Kreisgruppe Marktredwitz/Wunsiedel, www.jagd-wunsiedel.de

Regierungsbezirk Unterfranken
- Kreisgruppe Aschaffenburg, www.jagd-aschaffenburg.de
- Alzenau/Kahlgrund, www.kahlgrundjaeger.de
- Bad Brückenau, www.jagd-bayern.de/866.html
- Bad Neustadt/Saale, www.jagd-bad-neustadt.de
- Bad Kissingen, www.jaegerverein-badkissingen.de
- Bad Königshofen, www.bjvkoen.de
- Ebern, www.jagd-bayern.de/868.html
- Gemünden, www.bjv-gemuenden.de
- Hammelburg, www.jagd-hammelburg.de
- Haßfurt, www.jagd-bayern.de/870.html
- Hofheim, www.jagd-bayern.de/871.html
- Karlstadt, www.bjv-karlstadt.de
- Kitzingen, www.jagd-kitzingen.de
- Kreisgruppe Lohr am Main, www.bjv-lohr.de
- Marktheidenfeld, www.bjv-marktheidenfeld.de
- Kreisgruppe Mellrichstadt, www.jagd-bayern.de/1046.html
- Miltenberg, www.bjv-miltenberg.de
- Obernburg, www.bjv-obernburg.de
- Ochsenfurt, www.jagd-ochsenfurt.de
- Schweinfurt, www.jagd-schweinfurt.de
- Kreisgruppe Würzburg, www.jagd-wuerzburg.de
- Unterfr. Jagdclub Würzburg, www.jagdklub-unterfranken.de

TIPP Weitere Informationen: www.jagd-bayern.de

Alle Angaben ohne Gewähr

Notizen

Notizen

*Herzlichen Dank an alle fleißigen KöchInnen
für die Einsendung der tollen Rezepte.
Ein ganz besonderer Dank geht an Frau Anna Maria Krinner
und Frau Sabine Herz, der Staatliche Technikerschule für Agrarwirtschaft
der Fachrichtung Hauswirtschaft und Ernährung in Kaufbeuren.
Von den angehenden Hauswirtschaftstechnikerinnen wurde eine
Vielzahl an Rezepten nachgekocht, erprobt und bewertet.*

Ein herzliches Dankeschön an die FotografInnen:

Falls nicht anders angegeben, stammen die Fotos von RezeptverfasserIn.
Jennifer Eschbaumer: S. 143;
Fotolia: S. 41 links: Yvonne Bogdanski – Fotolia, S. 41 Mitte: Corinna Gissemann – Fotolia, S. 41 rechts: Junglefrog Images 2012 – Fotolia, S. 55 Jacek Chabraszewski – Fotolia, S. 58 Joe Gough – Fotolia, S. 59 Fotolia, S.61 links: AGfoto – Fotolia, S. 109: Mitte: BeTa-Artworks – Fotolia, 124: Jacek Chabraszewski – Fotolia, S. 127 Mitte, Elena Moiseeva – Fotolia, S. 127 rechts: Ildar Akhmerov – Fotolia, S. 133 links: jpegestudio2001 – Fotolia, S. 133 rechts: ocphoto – Fotolia, S. 136 Marie Capitain – Fotolia, S. 139 Mitte: Barbara Pheby – Fotolia, S. 145 links, HLPHOTO – Fotolia, S, 145, Mitte: Eiskönig – Fotolia, S. 145 rechts, BeTa-Artworks – Fotolia, S. 151 links: Silvia Schlögelm, S. 154: HLPhoto – Fotolia, S. 157 links: Peyman Pir – Fotolia, S. 157 Mitte: Marie Capitain – Fotolia, S. 161 tycoon101 – Fotolia;
Anita Herta Kößler: S. 13, 15, 17, 18, 19, 24, 50, 51, 72, 73, 74, 79, 80, 81, 83, 85 Mitte und rechts, 98, 99, 102, 103, 164, 168;
Monika Läufle: S. 165;
LVBM: Seite 89;
Silvia Schlögel: S. 61 Mitte, S. 151 links;
Jens Schmidt: S. 53, 139 rechts, 142, 155;
Wirths PR: S. 25, 130, 164;
www.1000rezepte.de: S. 65;

Ein Dank an die Illustratorin: Christine Pfob

Ein besoneres Dankeschön an alle RezepteinsenderInnen:

Altstetter, Hermine - Kempten
Anwander, Martina - Sontheim
Besler, Erika - Agathazell OT Burgberg
Boemi, Jennifer - Kempten
Breyer, Rosemarie - Durach
Böck, Martina - Eppishausen
Cordes, Helga - Senden
Dinser, Brigitte - Wengen
Endres, Claudia - Bad Grönenbach
Endres, Gertrud - Kronburg
Eggel, Susanne - Wertach
Fillenböck, Christine - Pfronten
Fleschutz, Gabriele - Dietmannsried - Überbach
Fleschutz, Irina - Dietmannsried - Überbach
Epple, Michaela - Leuterschach
Fröhlich, Maria - Hawangen
Frey, Angelika - Dirlewang
Fritsch, Margot - Woringen
Geiger, Monika - Altusried - Krimratshofen
Gallasch, Barbara - Leutkirch
Giegerich, Rita - Mömlingen
Glogger, Sabine - Durach
Glogger, Cilli - Durach
Gromer, Ingeborg - Wiggensbach
Haas, Familie - Frauenzell
Helmer, Steffi - Trauchgau
Jochau, Liesel - Niederwangen

Kees, Ottilie - Frankenhofen
Hölzle, Carla - Markt Rettenbach
Kottmann, August - Bad Ditzenbach-Gosbach
Krinner, Anna Maria - Kaufbeuren
Landesvereinigung der Bayerischen Milchwirtschaft - München
Lederle, Christine - Unterthingau
Leutherer, Christa - Obergünzburg
Lochbrunner, Erna - Kirchhaslach
Mair, Manfred - Rosshaupten
Müller, Sylvia - Helchenried
Judith Mayer - Böhen
Mesmer, Marianne - Bodholz
Miederwieser, Lydia - Hüners
Redler, Christine - Bolsterlang
Redler, Katharina - Dietrichs
Rudhart, Maria - Urlau
Sailer, Marlies - Winterbach
Schlögel, Silvia - Peiting
Schmidt, Sven - Memmingen
Schmölz, Anja - Hopfenbach
Schmidt, Sven - Memmingen
Strodel, Robert - Markt Wald
Uhlemayr, Marianne - Probstried
Vögel, Silvia - Balderschwang
Wald, Huberta - Wiesen
Wirths, Herbert - Fischbach
Ziegler, Helena - Honsolgen

TIPP

Noch Fragen oder Anregungen?
Der direkte Kontakt mit unseren LeserInnen liegt uns sehr am Herzen. Wenn Sie also Nachfragen, Rückmeldungen, Anregungen, Verbesserungsvorschläge oder Kritik zu diesem Buch haben, freuen wir uns sehr auf Ihre Nachricht.
Sie erreichen uns am besten: via Mail allgaeuerin@ava-verlag.de oder telefonisch unter (08 31) 5 71 42-51.
Wenn Sie uns im Internet besuchen möchten, dann finden Sie uns unter www.dieallgäuerin.de

---

AVA-Agrar Verlag Allgäu GmbH © · 1. Auflage 2013

Herausgeber & Verlag: AVA-Agrar Verlag Allgäu GmbH
Porschestraße 2 • 87437 Kempten /Allgäu
Telefon: (08 31) 5 71 42-0 • Fax: (08 31) 7 90 08
E-Mail: vertrieb@ava-verlag.de
Internet: www.ava-verlag.de oder www.dieallgäuerin.de

Redaktion: Anita Herta Kößler (verantwortlich), Monika Läufle

Illustrationen: Christine Pfob

Titelfoto groß: Jacek Chabraszewski - Fotolia ©
Titelfotos klein: Anita Herta Kößler (links, rechts, mitte)

Druck: KKW-Druck GmbH
Heisinger Straße 17 • 87437 Kempten /Allgäu
Telefon: (08 31) 57 50-31 • Fax: (08 31) 57 50-36
E-Mail: kontakt@kkw-druck.de • Internet: www.kkw-druck.de

Urheber- und Verlagsrecht

Das Kochbuch und alle in dem enthaltenen einzelnen Rezepte, Informationen und Abbildungen sind urheberrechtlich geschützt. Mit Annahme des Rezeptes (inkl. Foto) gehen das Recht zur Veröffentlichung sowie die Rechte zur Übersetzung, zur Vergabe von Nachdruckrechten, zur elektronischen Speicherung in Datenbanken, zur Herstellung von Sonderdrucken, Fotokopien, Mikrokopien und Verwendung für Digitale Medien (z. B. Apps) an den Verlag über. Jede Verwertung außerhalb der durch das Urheberrechtsgesetz festgelegten Grenzen ist ohne Zustimmung des Verlags unzulässig. In der unaufgeforderten Zusendung von Rezepten mit Fotos an den Verlag liegt das jederzeit widerrufliche Einverständnis, die zugesandten Rezepte mit Fotos in Datenbanken einzustellen, die vom Verlag oder von mit diesem kooperierenden Dritten geführt werden.